原生家庭

婚恋版

如何应对爱人父母的挑剔、侵扰或排斥

[美]苏珊·福沃德 [美]唐娜·弗雷泽 编著
邝慧玲 译

TOXIC IN-LAWS

Loving Strategies for Protecting Your Marriage
Susan Forward Ph. D. Donna Frazier

目录

序　1

第一部分　有毒的伴侣父母

第一章　姻亲三角：你-伴侣-伴侣父母　10

破除对伴侣父母的认识误区　12

现实之一：伴侣有毒父母的行事方式　14

一个巴掌拍不响　16

现实之二：伴侣自身的问题　16

现实之三：这场混战中你的角色　20

过去的印记　22

有毒的伴侣父母是如何过界的　23

第二章　批评型　25

当批评直戳你的痛脚　27

"无私"的批评者　28

不听老人言，吃亏在眼前　30

当你的伴侣不明所以的时候　31

区分你能与不能接受的建议　32

两面派的批评者　33

"借刀杀人"　34

敌意的扩散　35

爸妈的乖孩子　36

罗马不是一天建成的　37

i

当批评变成找替罪羊　　38

甩锅的好处　　39

危险模式　　41

受害者的困境　　42

"我不想做家里的坏人"　　42

气到无言以对　　43

拉锯战　　44

被批评的恶劣后果　　44

第三章　占有型　　46

结局并不美好的童话故事　　47

到头来你变成了"问题"本身　　49

为什么结婚以后就要改变　　50

是大礼还是陷阱　　51

文化冲突　　53

你的家就是他们的家　　54

入侵者　　55

你的孩子就是我的孩子　　57

离间并各个击破　　58

有限的信息无法直达真相　　60

从解决危机到侵占生活　　63

变本加厉的控制　　66

第四章　控制型　　67

婚礼当天便吹响号角　　68

控制狂不分性别　　70

逐步升级的控制　　71

告诉你谁才是老大　　74

迁怒伴侣　　76

他们的钱控制你们的生活　　76

可能成真的经济威胁　　77

以愧疚和恐惧为控制手段　　79

原生家庭中早已存在的问题　　80

可以让伴侣难过，不能让父母失望　　80

你们尚有改善的可能　　81

在孩子出生后变本加厉　　82

控制狂也是破坏者　　84

第五章　惹事型　85

长期处于冲突中　　85

转移负面情绪　　87

对争吵乐此不疲　　88

"我不是酒鬼"　　89

期望会变好，却毫无起色　　91

金钱黑洞　　92

帮助和解救的区别　　94

直接说"不"　　95

性骚扰者　　96

让家再次安全起来　　98

当你伴侣的父母虐待你的伴侣时　　99

当你变成缓冲带　99

虐待的遗留问题　101

畸形的磁石　101

施压是无效的　102

第六章　▸　拒绝型　103

早期预警　103

时间不是万灵药　104

他们痛击你最大的弱点　105

危机时刻　106

种族问题　108

拒绝至死　110

隐藏的意图　111

残忍的最后一击　113

孩子的力量　113

冰释前嫌　114

孩子也无法挽救的关系　115

以断绝关系为武器："你不再是这个家的人了"　117

拒绝者的盲目性　120

第七章　▸　他们为什么会这样　121

答案很复杂　121

信念的力量　122

不止心理层面　135

弥天大谎　136

第二部分 守护你的婚姻

▷ 我和你的约定　138

第八章　转移你的关注点　140

幻想与现实　140

一个新的开始　141

和自己来一场约会　141

观察审讯室　142

常见的陷阱：所有人都会犯的错误　142

陷阱一：受害者心态　143

陷阱二：反应过度　147

陷阱三：反应不足　151

第九章　当期待造成伤害　155

陷阱四：对自己有不切实际的期待　155

陷阱五：对你的伴侣有不切实际的期待　157

陷阱六：对伴侣的父母有不切实际的期待　161

接受现实　167

新视角造就新的你　168

第十章　权利与责任　170

你的《个人权利法案》　171

感受你的正当权利　173

人类天生抗拒改变　173

恐惧的心魔　174

你不是唯一有这种感受的人　175

v

一些让你冷静的自我暗示　　176

从恐惧到愤怒　　177

管理你的愤怒　　178

为你指明方向的愤怒　　180

代入你爱的人想象权利　　183

权利意味着责任　　183

第十一章　压力之下也从容　　185

设定界线　　185

讲明规则　　187

明确立场　　188

方式要简单，直指具体问题　　190

非防御性沟通　　192

丰富你的方法库　　194

第十二章　获得伴侣的支持　　196

找准时机　　197

不合适的开场白　　198

合适的开场白　　198

开门见山：说出你的主要顾虑　　199

学以致用　　207

达到你的平衡　　207

第十三章　应对伴侣的反应　　209

当你的伴侣拒不合作　　210

有爱但坚定的表态　211

层层推进话题　213

有舍才有得　214

"站在我这边"　216

请记住，你很强大　217

碰壁的情况　218

当离婚成为最好的选择　222

过去的重要性　223

第十四章　迈出最后一步　224

他们可能会给你惊喜　224

他们没有恶意的情况　225

给他们台阶下　225

别害怕展现你的脆弱　227

合适的沟通环境很重要　228

发出邀请的方式　229

避免被他们"各个击破"　230

别期待奇迹　231

走出两难境地　232

没有回应就是最响亮的回应　234

发现更深层次的问题　235

缺爱的姻亲　237

另一种严厉的爱　238

先寻求帮助　239

当他们使出撒手锏　240

| 有时没有解决任何问题 242
| 坚持你的真相 243

后 记 | **245**

序

恋爱期间的日子是那么美妙，你感觉遇见了真爱，就快要组建梦寐以求的家庭。这样的愿景让相爱的人有了结婚的冲动。

你们有许多不能简单处理的差异——哲学思想、宗教信仰、社会背景、文化和智力水平，以及一些小怪癖——但一开始，求同存异并不困难。接着，很快地，生活琐事一件接一件到来，你们开始争论怎么庆祝节日、装饰房子、挤牙膏以及投资。彼时，再牢靠的关系也要经受显而易见的分歧的考验。当你们日夜相对，就算没有孩子或其他人分散注意力，婚姻中不可避免的小吵小闹本身就够让你们头疼无比了，但更让人困惑、害怕甚至痛苦的现实是：婚姻不仅仅是两个人的事。我们是带着各自独特的过去、需求和特定的行事方式，与另一个同样有着自己的情感倾向和独特习惯的家庭结合的。我们有了丈夫或妻子，而且在大多数情况下，我们也有了公婆/岳父母。

不是所有的姻亲都难相处

虽然有些人会抱怨伴侣的家人或拿他们开玩笑，但他们的关系其实很不错。我认识的人里就有这样的幸运儿。我也真心希望好人一生平安，天堂里能有个特别的位置留给这些喜爱并尊重家庭新成员的父母——他们的美好品质如美酒般越陈越香。我还认识一些喜欢自己伴侣父母的人，其中有些人感到和他们的关系比和自己亲生父母的还要好。还有的人虽然遇到了十分难相处的公婆/岳父母，但好在他们的伴侣能合理地约束自己父母的行为，把控局面，保护好他们。他们都很幸运。

然而，还有很多人没有这样的运气。他们另一半的父母就是他们婚姻和生活中的矛盾冲突的主要来源。

如果你因为婆媳/翁婿关系不和而怨恨、沮丧、愤怒、愧疚甚至感到绝望，并担心你的婚姻正在或即将被这些负面情绪所侵蚀，那么本书可以很好地为你指明方向。面对另一半的父母吹毛求疵、冷酷对待或是企图干涉你生活的行为，你可能最终引燃家庭战火，对你的伴侣生闷气、大喊大叫，或者每次和伴侣父母见面后都会大哭一场；你也可能出于缓和关系的希望保持微笑，礼貌待人，假装无事发生。你毕竟是爱着另一半的，也不想打破表面的平静，于是可能会委曲求全，觉得多一事不如少一事，可到头来只会发现自己一直在妥协，无视了自己的感受、信念与渴望，甚至牺牲了自己完整而独立的人格。

毋庸置疑，和伴侣父母的关系不和会让你感到压抑，但更关键的是，这种问题会直接损害你和伴侣之间的感情。如果不及时解决随之而来的问题，任由其加剧，后果只会更加严重。在长达25年的面向不同年龄段个人和伴侣的咨询生涯中，我发现了一个不争的事实：如果你和伴侣父母的关系不和，那么你的婚姻也会出现问题。这的确不是好消息，但好消息是，你一旦了解了姻亲三角关系的复杂机制，便能采取很多有效的方法扭转局面，让你自己、另一半和你们的生活一起变得更好。

怎样的伴侣父母才算"有毒"

首先，我要给被我形容为"有毒"的伴侣父母下个定义。

我曾在前作《原生家庭》（*Toxic Parents*）中解释过，我是经过深思熟虑才选择用"有毒"这个词来形容父母的。我知道这个词很有争议，但我从过去到现在都坚信，只有这个词才能准确地描述生活中某些人对我们造成的腐蚀性的有害影响。阅读本书时，你会发现，就像有毒的父母一样，有毒的伴侣父母同样有一套令人难以招架的手段。

这种伴侣父母可不仅仅是烦人和难相处，也远不止无法满足你对好公婆/岳父母的期待那么简单。你也许会觉得另一半的父母品位俗气，或是与你三观不合；在他们周围你感到窘迫难耐，因为你们身上几乎没有共同点。但仅仅是你感到不自在或者尴尬，并不意味着他们就是有毒的。

确切来说，有毒的伴侣父母会以各种方式攻击你和你的婚姻，并因此制造了大量麻烦。他们要么公开挑衅你，要么采取隐晦的破坏性攻击手段。他们可能通过让你感到内疚或采取经济手段来控制你，也可能仅因为你们的宗教或文化差异就恶意排挤你。一般来说，他们毫无歉意且铁石心肠。

请注意，本文讨论的对象是伴侣的父母。我知道许多人与伴侣其他亲属的关系也不愉快，比如令人讨厌的兄弟或是背后嚼舌根的姐妹。但是，父母与成年子女间存在特殊的权力不对等现象。文化和社会环境赋予老一辈被尊重的期望和权力，不论他们本身是否真的值得尊重或应该获得权力。而且在很多情况下，因为伴侣父母与你自己的父母是同一个时代的人，你和你父母之间未解决的矛盾冲突常常会在你与伴侣父母的关系中重现。

你伴侣的父母有毒吗

想确定你伴侣的父母是否有毒，可以关注以下两点：（1）他们的生活状况是否让他们更有可能干涉你的婚姻；（2）这种过度干涉的实质性证据。

以下自测清单能帮助你找出问题所在。

你伴侣的父母有以下行为吗？

1. 对彼此冷淡或关系时好时坏
2. 经常和对方吵架
3. 酗酒或者滥用药物
4. 伴侣去世或者已经离婚，但拒绝开展新生活，并希望你的伴侣履行自己配偶的职能
5. 总是要求你的伴侣满足他们自己的要求
6. 经常制造两难的境地，迫使你的伴侣在你和他们的需求之间做选择
7. 经常批评你或/和你的伴侣
8. 贬低你的外表、工作、政治立场或宗教信仰，或轻视对你而言重要的人事物
9. 为达到自己的目的，会给你和你的伴侣小恩小惠
10. 如果你拒绝他们的要求，他们就不断让你和/或你们感到内疚
11. 经常自作主张地向你提出你不需要的意见

如果你伴侣的父母符合前3个描述中的任意一个，那么你的婚姻很有可能被他们的个人问题影响。如果在4到11中如果有1项或2项符合，那么你和他们之间已经出现了需要注意的问题；如果有3项及以上符合，那么你就遇到了这种认为自己有权控制你生活关键领域的有毒的伴侣父母。

虽然你伴侣父母的行为很有问题，但他们可能完全没有意识到这对你或你们有什么影响。有时候，他们的行为只是单纯反映了他们一直以来的为人。很多时候，他们之所以意识不到自己的问题，是因为没有人让他们知道他们到底造成了多少不愉快。

本书的前半部分将讲述这种伴侣父母的行为以及他们想要达成的目的——隐藏在这类父母行为之后的终极目标。此外，本书还将探讨他们

的行为如何影响你和你的伴侣，以及你伴侣不得不在对你的爱和对父母的孝顺之间做选择时你们将要面对的困难。

应对有毒伴侣父母的生存指南

本书的第二部分将探讨你和伴侣父母的关系问题全面爆发时该如何应对。首先，如果你的伴侣无法或不愿为你挺身而出，我会告诉你如何理解他/她的处境。如果你的伴侣没有保护你也没有为你说话，或者当你尝试保护自己、为自己说话时表示不悦，你会感到被背叛了，进而怒火中烧。别担心，第二部分将介绍能有效驱散这种消极情绪的方法。

接着，本书详细介绍了如何从伴侣父母手中夺回婚姻的主导权，不论你的伴侣是否与你合作。文章会指导你怎么说，怎么做，该设下什么界线，以及该有什么合理和实际的期待。

日常生活中，伴侣父母会做让你难堪、生气的事（你的父母对你的伴侣也会有同样的影响）。和伴侣父母打交道时，不是仅仅表明立场，让他们知道他们对你造成的影响，接着让他们了解你的期望就够了。态度坚定并不意味着只要他们影响到你，你就要和他们对着干。本书会告诉你当他们激怒你时你需要如何平复情绪，以及怎样判断他们的哪些行为是必须应对的。

接受现实

我无法向你保证本书会奇迹般地解决你和伴侣父母之间的分歧，也无法确保你们之间会实现你梦寐以求的关系。但我能做的便是帮助你终止大部分有害行为，接着创造和接受你们之间可能拥有的最好的关系。你和他们拥有密切关系的幻想因为他们的不合作而破灭，可能的确很令人痛苦，但认清现实能让你获得内心的宁静，而不会因为不切实际的幻想就对不符合理想的伴侣父母感到不满。

读过我其他作品的读者应该知道，我一直很愿意分享我自己经历过的困境。我希望读者知道我也有过许多和大家类似的经历，也犯过许多类似的错误，那么读者阅读我的文章时就能产生共鸣，感到心安。

你也许也会惊讶地发现，本书的核心不涉及多少对抗的内容，而更多的是接受现实，因为这才是我更看重的。我并不是在暗示你要对挑战你底线的行为逆来顺受，而是告诉你，仔细思考你不切实际的奢望以及处理与伴侣父母间冲突的方式后，你可能会发现实际上你拥有改善情绪的能力。

就我自己的人生而言，我经历过激烈的内心斗争，总是抑制不住地想"我是对的，他们是错的"，还从这种自我催眠中获得了自以为是的满足感。但好在吃一堑长一智，我终于认识到：别人只能给你他们能给的，而他们的本性是无法被轻易改变的。人无完人，是我们的过去造就了现在的自己。这么多年来我学到的是：和不完美的人相处时，采取冷静、关爱的态度要比被疏离、封闭自我好得多。接受现实，才能让我的生活变得更美好。

如果烦恼忧虑使你不快，那就忘记它们吧。认清与你伴侣的父母相处时可行与不可行的情况，从而泰然处之。反过来，这也会改变你与他人相处的模式，让你能以更开放、包容的心态对待他人。

如何破解常见的困局

我知道关于和伴侣父母的不良关系，很多人想问很多问题。我会帮助你找到以下这些最常见问题的解决方法。

- 当我告诉丈夫说我不想和他父母待在一起时,他非常生气。我是否有权利说这种会让大家不高兴的话?
- 我实在不愿意逆来顺受,但又感到很内疚,该怎么办?
- 问题出在我和我岳父母之间,所以我能不能在不把我妻子卷进来的前提下解决问题?
- 我的公婆总在我丈夫背后找机会挖苦我。我丈夫觉得是我小题大做,过于敏感。我要怎么做才能让他正视这个问题?
- 我的岳父酗酒,行为也不招人喜欢,每次来我家参加聚会时都会扫大家的兴。我要怎么开口让他别来呢?
- 我如果希望我丈夫把我放在第一位,是不是太小心眼、太自私了?

接下来,我会循序渐进地帮助你在抱有同理心的基础上立场坚定地和你伴侣的父母相处,并给你的婚姻喘息的空间。

积极行动的力量

《积极思考的力量》(*The Power of Positive Thinking*)是一本被载入史册的畅销书,给读者提供了很好的精神指导。我希望能帮助大家将积极思考升华到积极行动层面,引领大家改变自我,主动有效地破解困局。这需要勇气和决心,也需要清醒的认识和全新的技能。你将找到你所需的内在力量。

你有能力重新掌控这段陷入"夫妻恩爱"与"父母满意"的两难中

的婚姻。在多数情况下，你能做到和伴侣父母和平相处。你当然也能和你的伴侣以及自己和解。积极思考固然有强大的力量，但积极行动才能真的改变你的生活。

我知道和伴侣父母的关系让很多读者感到绝望又无助，但情况远没有到绝望的境地，你也不是真的孤立无援，能做的事情还有很多。你能改变自己对现状的反应，而且你一旦这样做了，就会获得不同的视角和感受。你会给你爱的人以及想要去爱的人带去变化。这样看来，你无论如何都赚到了吧？

第 一 部 分

有毒的伴侣父母

第一章 姻亲三角：
你-伴侣-伴侣父母

在开始考虑婚事的时候，你通常已经很了解你的伴侣，并已经见过或听说过他/她的家人，知道他/她家里的各色人物——品行高尚的、控制欲强的、独断专行的、自我奉献的。现在，用你的后见之明回想过去，你可能还隐约记得和伴侣父母之间出现的第一个问题的导火索。有的人想起的是第一次见面时的冷淡或似乎永远挥之不去的紧张感。有的人脑海中一闪而过的则是粗暴无礼的电话和尖酸刻薄的评价。有些时候，不愉快会消散，没有演变成持久的行为模式，那么则不会酿成大问题。然而在其他时候，存在着预示问题开端的一个标志性时刻或事件，而且你能在脑海里像回放电影一样地回溯它。

对31岁的平面设计师安妮来说，这个标志性开端便是她未来婆婆露丝对她的一项个人和职业决定做出的反应。

> 露丝甚至在乔和我结婚之前就不太待见我了。她因为我不打算随夫姓这件事勃然大怒，可我工作相关的所有材料和电话簿广告上用的都是娘家姓，改名根本不现实。在婚礼晚宴彩排时，她用大到包括我在内的不少人都能听见的声音对乔说，她认为我野心太大，以后会把乔放在事业之后。在她看来，我的事业一文不值，可明明她也有自己的事业要打拼。我什么也没说，但感觉被羞辱了，很愤怒。我努力表现得友好，用玩笑打发掉尴尬。那不是个适合争吵的场合。

乔的母亲曾经贬低安妮，对安妮很苛刻。她当时的这种行为对安妮而言是一记警钟。安妮应该因此重新考虑与乔的婚姻吗？当然不。但可以肯定的是，如果露丝的行为持续，夫妻、婆媳之间存在的问题便需要得到解决。

不过，随着时间的推移，安妮始终找不到解决问题的"合适时机"。结婚四年后来找我咨询时，她仍然感到屈辱和愤怒，并责怪自己对早期的预警信号满不在乎，任由露丝的行为越发肆无忌惮。和大多数与伴侣父母关系不和的人一样，她从一开始就觉得自己的婚姻越来越不像两个家庭的幸福结合，而更像被她伴侣的父母恶意夺取的单方面胜利。但是，对这种想法的抗拒很大程度上曾导致很多人在沉默中不断煎熬——正沐浴爱河的你不想提起可能影响感情的任何话题，只能暗自希望未来的公婆或岳父母会喜欢并接受你。

安妮回想过去，惊讶地发现她曾经多么努力地说服自己，让自己相信彩排时的不愉快只是一个短暂的小插曲。而事实上，在接下来数年里，"小插曲"接踵而至。

> 我过去非常想让她喜欢我。我确信她一旦了解我，就会喜欢我。这想法真是个笑话。我们结婚后，情况变得更糟了。后来我告诉自己，她当了祖母以后情况就会好转，可现在她已经有两个孙子了，还总是随意指责我。

我们明明知道自己与伴侣父母关系不和，却为什么听之任之这么久才不再幻想问题会自行消失，而开始着手解决呢？我认为，这是因为对于如何处理这类关系才最好，我们固守着一整套令人安心的老旧观念。这样的安心深深根植于我们的集体信仰体系中，而朋友和亲戚善意的建议也常常建立在这些观念之上。当我们猛然惊恐地意识到现任或未来的伴侣父母与我们并不合拍时，我们会先拿出这套说辞宽慰自己。我把这些观念称为"对伴侣父母的认识误区"，因为大多数时候它们只是纯粹的一厢情愿，并没有现实依据。不过，它们有安慰作用，让我们像溺水的人抓住稻草一样抓紧它们。但总有一天，它们会像破旧的毯子一样，再也无法带给我们温暖。

破除对伴侣父母的认识误区

以下七种观念听起来都非常合理，犹如花园里的木桩，支撑着希望的嫩芽。而随着时间流逝，嫩芽会长成一片自我麻木与盲目辩解的灌木丛。对这些说法的一味坚信只会蒙蔽你的双眼，让你无法认清姻亲关系中的问题。因此，即便我知道破除以下误区可能令你感到无助、不安，我还是不得不这样做。

我们结婚后情况就会好的

情况可能转好，也可能变得更糟。随着结婚纪念日一年年过去，大多数人发现和伴侣父母关系的问题持续存在。如果他们在你们谈恋爱时对你冷淡，甚至想说服子女和你分手，那么你很有可能等不来他们的回心转意——他们不会放弃对你们婚事的反对。结婚蛋糕和戒指美好而意义重大，却不是解决和伴侣父母关系问题的灵丹妙药。

他们了解我以后情况就会好的

努力消化伴侣父母的批评和拒绝所造成的伤害的人总用这句话来安慰自己，而这只会让他们感到心酸。仅靠时间和熟悉度是无法打开封闭的思想和心扉的。故作坚强，坐等你的善良和魅力赢得人心，无异于指望破镜自己重圆。

我有了孩子以后情况就会好的

当然，我遇到过公婆、岳父母在成为祖父母、外祖父母后态度温和许多的例子，但别太指望这一点。即便伴侣父母对孙辈态度热情，他们也很可能不会对你爱屋及乌。而且，如果他们坚信只有自己知道对你和伴侣而言什么是最好的，那么他们也会认为自己有权力控制你的孩子。毕竟，他们育儿经验丰富，而你还是个新手。你会发现，在迎来新生活的同时，你也面临着新的冲突。对这一点，你要有所准备，不必惊讶。

如果我听他们的话，他们肯定会喜欢我

记住，在存在重大分歧的问题上假装没有异议或迫于压力听从伴侣父母的意见、期望获得他们认可的做法可能在短期内奏效，但效果通常并不长久。你伴侣的父母可能会不断抬高标准，总有高到你无法达到的那一天。他们也有可能选择接受你虚假的顺从，因此永远不知道在委曲求全的假面之下你有怎样的真实想法。在以上任何一种情况下你都会是那个丧失自尊的输家。

他们又不是我的父母，对我造不成多大影响

答案是：不，影响很大！如果他们对你的伴侣占有欲很强，你会受到影响。如果他们不认可你，并让你的伴侣（通常也包括你）知道这一点，你会受到影响。如果他们以各种方式入侵你的生活（后续章节将探讨具体方式），你也不可避免受到影响。如果你认为以上都不算什么，伴侣父母还有办法重现你自己的父母带给你的不安全感和伤害，毕竟对你而言，他们和你的父母属于同辈，都拥有某种权威。

他们住在外地，我们不用经常和他们打交道

我曾经考证过，夫妻与各自父母分居两地的情况在所有婚姻中的比例一直在下降，而且如今花不了多少钱就能坐上飞机去往世界各地。在某种程度上说，和伴侣父母见面次数不多反而可能使你们的关系恶化，因为你们长年累月积攒下来的情绪会被浓缩到很短的见面时间里爆发，而无法通过长时间的相处来稀释。和伴侣父母地理上的遥远可能意味着你们不会在彼此家里待很久，但并不意味着他们的存在不会频繁出现在你的生活中。

我的伴侣总会把我放在第一位

这个想法可能是对的——直到你的伴侣不得不面对自己父母的那一天。

我亲眼见过以上所有误区持续存在的案例。安妮就是一个典型，即便她身边不乏证明上述论断错误的证据。这样的说辞会时不时出现在你生活中，像救生圈般把你从拒绝和敌意的深深伤害之中拯救出来。每当你气得想和伴侣的父母大打出手的时候，这些说辞似乎能让你冷静下来。而当你和伴侣的家人争论后火冒三丈时，这套说辞还会给你制造"争论能让你用不同视角看问题"的幻想。但其实这些话只会在问题到来时蒙蔽你的双眼，让你无法机智应对或者采取有效措施。让我们擦亮眼睛，认清现实吧。现实可能有些残酷，但直面现实是你唯一的选择。

现实之一：伴侣有毒父母的行事方式

接下来的章节中，我会让你仔细观察伴侣的有毒父母最典型的几类行为。我会带你一一解读他们的行为倾向、策略,以及他们如此对待你的主要动机。以我的经验来看,大部分人根本不愿意花时间研究伴侣父母的行为,因为感觉没有用。他们的理由一般是:不是我选择他们的。我不能因为他们离婚,也不能雇个人去暗杀他们,而且众所周知,我们没办法改变他人,所以研究他们的行为意义何在呢?这种想法造成的结果是:你对伴侣父母感到强烈不满,对此感到绝望,却只能任由绝望将你麻痹,而未曾真正地尝试从理性角度分析他们的行为及其对你和伴侣的影响。更可怕的是,你的反应在他们的意料之中,因此会在不知不觉中纵容他们的行为模式。

我相信你总能在以下群体类型中找到你伴侣父母的影子:

- 批评型:仅仅因为你有着和他们不同的观点、偏好、信仰、价值观或行为方式,他们便认为你能力不足或人品不佳。这类人中还有一些习惯性迁怒,会把你和你伴侣可能存在的所有问题都算在你头上。
- 占有型:他们把你们的结婚证当成招募文件,仿佛只要你签上了名,他们便有权全面入侵你的生活。
- 控制型:他们认为你的伴侣没有能力过好他/她自己的生活,所以需要他们介入来进行改善。控制欲强的伴侣父母要求你服从他们,而且他们对你的爱是有条件的,取决于你能否取悦他们。
- 惹事型:他们对自身的种种问题——成瘾、夫妻矛盾、经济问题无所作为,还把你的伴侣卷进他们制造的麻烦风波中,甚至殃及你们的家庭。
- 拒绝型:他们故意伤害你,用残忍、粗暴并常常带有虐待性质的行为攻击你,留给你深深的痛苦。此时他们经常会撺掇你的伴侣站在你的对立面,故意破坏你们的婚姻。

以上类别并不是泾渭分明的。你会看到许多具有以上几种特征的伴侣父母，但其中有些比较突出，比如占有欲强。不过，大部分有毒的伴侣父母都可以根据他们对待你和你伴侣的方式被归入某一类，而这也是我们重点关注的典型行为。了解以上每一类伴侣父母的行为，能帮助你更好地了解你伴侣父母的思维和行为模式，让你更清楚今后该如何做出改变。

一个巴掌拍不响

你和伴侣父母的关系问题之所以如此棘手，是因为它是一种三角关系，涉及三方。

当然，如果你伴侣的家人是一群幸福、包容、生活充实的人，你应该不会有这种问题。同样，如果你的伴侣愿意为你站出来，并认为你的幸福比其父母的喜好更重要，即便你伴侣的父母是最不堪的那一种，你也可以成功地解决这些困难。前文提到要识破误区、直面现实，因此我现在会将焦点放在这一问题三角关系的另两方——你和你的伴侣身上。

现实之二：伴侣自身的问题

你的伴侣和父母共处一室时会变成什么样？可能很多人会感到大惑不解，自己嫁的那位强大、有能力的男人为什么一到父母身边就变成了受惊吓的小孩？或者自己爱上的那个自信、坚定的女人为什么在父母面前会变得软弱而充满负罪感？如果你曾经以为伴侣永远都会站在你这一边，完全按照你们一起制订的计划行事，那么他们在父母面前如此卑微的样子一定会对你打击不小。

对22岁的前台霍普而言，这样的冲击出现在她期盼已久的和未婚夫度过的第一个圣诞节之前。

> 我和杰瑞谈恋爱的时候就听说过他父母的一切。据我所知，他们夫妻俩已经反目成仇，但还是住在同一座房子里。他们分房睡，也基本上各过各的。他爸爸不常出门，大部分时间都在车库里的工作台上度过。他简直就是座冰山，对他妻子尤为冷漠。杰瑞的妈妈真的很寂寞，杰瑞又是独生子，所以她总把儿子当成唯一能陪伴和亲近她的人。他们母子经常一起旅游，杰瑞也很照顾他妈妈，会送她去电影院之类的地方。但那是我们一起过的第一个圣诞节。我们本来计划去夏威夷，谁知道他妈妈打电话来，说她在股票市场大赚了一笔，所以想带杰瑞去欧洲玩，毕竟那可能是他们母子最后一次一起出游了。为什么呢？当然是因为他要和我结婚了。圣诞节啊！他们俩单独去玩！杰瑞就是不能理解我为什么会生气。

对38岁的平面设计师蒂姆来说，类似的冲击出现在他结婚4个月后的一个下雨的周六。

> 那天我们躺在床上，我问特蕾西她今天想怎么过。她起身开窗，背对着我，好像说了句什么要收拾客房，好给她父母住。我当时以为自己听错了，因为朋友来才住客房，我们各自的父母来应该住酒店。我的父母就是住酒店的，所以我以为她父母也不会例外。但她说如果让她父母住酒店，他们会觉得我们不想和他们待在一起，会不高兴。于是我就傻乎乎地答应了。随后，她妈妈花了整整一周时间刷洗我们的厕所，重新整理我们的房子。她爸爸把我们

的半瓶苏格兰威士忌收好以后，每晚都要向我们宣讲一番我们过得有多奢侈，教育我们要如何理财。我们根本无处可逃，简直就是场噩梦。

对于给专栏"亲爱的艾比"投稿的一位女士而言，她的问题则正在发酵。

亲爱的艾比：

我32岁，离过一次婚，正准备再婚，却已经和未来公婆有矛盾了。我人生中从来没有遇到过像他们那么无礼的人。他们甚至不想和我有任何干系。

我未婚夫的父母在我和他们儿子交往前对我还是很热情友好的，但在那之后，我就只能看到丑恶的嘴脸和粗鲁的行为了。艾比啊，我可从来没有做过冒犯他们的事，我未婚夫也认为我没做错什么。

他母亲曾经直接对我说："等着吧，迟早有一天别人会来偷你的儿子，你就知道那是什么感觉了！"我理解，她的"宝宝"决定要离开母亲的怀抱是有些令人伤感，但是老天啊，她的"宝宝"已经26岁，有自己的想法了。这只是大自然的运行规律啊。

我俩交往一年半了，他父母对我的态度还是没有改变。他们让儿子回家看他们，我未婚夫也照做了。我很生气，因为他明知道他父母是怎么看我的，还能装作若无其事。我该怎么办啊？

以上案例中每个人面对的问题各不相同：有的是孤独的母亲对现状不满，想要获得儿子的关注；有的是父母开始自作主张、喋喋不休地干涉女儿的家庭；还有的是母亲把未来儿媳视作夺走儿子的反派角色。以上情况的一个共同点在于，出于似乎让人无法理解的原因，当事人的伴侣不愿挺身而出，不敢主动以合适的方式约束自己父母的行为。

伴侣在这种时候没有支持你的事实，通常要比伴侣父母对你造成的任何伤害都更让你心寒。安妮告诉我，丈夫不和她站在一起面对他父母时，她真的很难受，很沮丧，很愤怒，有一种被抛弃的感觉。我们大多数经历过类似情况的人应该都能感同身受。

> 他不会帮我说话的，而且在我要和他谈这个问题的时候，他立刻像刺猬一样防备起来。我感觉他很怕他妈妈，一直都很怕。我觉得被彻底背叛了——就好像我在孤军奋战，一个帮手都没有。我快要崩溃了，开始觉得他十分软弱无能。我根本不知道怎么着手解决这件事，是朝他大喊大叫，让他妈妈别管我们，还是离婚？或者忍着，忍到内伤？我本来以为我和乔两人什么大风大浪都能一起挺过去……他到底和谁结的婚啊？是我还是他妈妈？

如果你感觉自己好像陷入了一场激烈的拉锯战，对手是你伴侣对父母的孝心，那你的感觉没错。如果你觉得这场角力中你处于劣势，那你也是对的。有时候，只需要他/她父母的一句话或一个眼神，你的伴侣就能迅速回忆起父母几十年来是如何谆谆教导他们的，比如应该如何孝敬父母、为人处世，并立刻展开行动。你伴侣的父母给他/她灌输了固定的行事方式。对他/她而言，这些方式熟悉到就像重力一样——看不见却无法抗拒，也无法改变。

在接下来的章节里，我会带你剖析各类有毒的伴侣父母的行为方式。我希望你能仔细观察并思考你伴侣的父母是如何"操控"子女以达到其目的的。他们的"操控"是否成功，主要看守门人——你的伴侣是否有意无意地允许父母过度干涉你们的生活。他们"操控"伎俩的重点就在于阻止你的伴侣长大，不让他/她从情感上摆脱对父母的依赖，不允许他/她质疑自己，不让他/她保护你。

了解你伴侣的父母如何影响你的伴侣，能帮助你减缓这种有毒关系中的矛盾引起的痛苦、愤怒和困惑。如果你是独自阅读本书的，那么读完后，你心中的怨恨会得到减轻，你会对伴侣抱有更强的同理心。如果你是和伴侣一起阅读本书的，那么本书能帮助他/她迈出重要的第一步：在观察后以行动改变他/她与父母间的关系。

现实之三：这场混战中你的角色

虽然你可能不愿意承认，但在这场婆媳/翁婿大战中，你也是一个必不可少的角色。你对姻亲关系的期许和反应奠定了你和伴侣父母相处的情绪基调。虽然你可能未曾发现这些情绪，但它们是你伴侣的父母通常会感受到并回应的。而且有时候，他们眼中的你和你认为你表现出的样子截然不同。

接下来的章节中，你将看到大量与你有相似经历的人们的行为与反应。他们和伴侣父母的关系存在问题，而且伴侣并没能给他们提供支持。在观察这些人的反应时，我猜你会发现，问题本来是外因造成的，结果却不仅迟迟不能解决，还因为他们的过激反应和不切实际的期许而越发严重。

你自己怎么会加剧这场混战呢？从莱斯莉的故事中你能窥见一二。

我第一次见莱斯莉时她28岁。她和高中时开始交往的汤米四年的婚姻就快要被他的父母亲手毁掉了，这让她感到恐惧又压抑。

莱斯莉聪明漂亮，朝气勃勃，曾做过数年股票经纪人。她告诉我，她的原生家庭是个混乱且充满情感暴力的地方。她排除万难才取得了事业的成功，但对自己还是不够自信。

在汤米的劝说下，她放弃了自己的事业，转而帮助他经营家里无比成功的印刷事业。但打从一开始，汤米的父母就直言不讳地反对他们的婚姻。

> 汤米的家族来自意大利，人口众多。于是我想，那好啊，我的童年这么糟糕，也许我有第二次机会体验我梦寐以求的家庭生活了。

很多人和莱斯莉一样期许过高，认为婚姻除了赋予我们伴侣，还会给我们带来更多——一个不同于原生家庭的幸福新家庭，以及自己曾经无缘拥有的温暖、慈爱的"新父母"。但希望越大，失望越大。梦想破碎后，一开始她完全无法接受现实。

> 我是他带回家见父母的第一个女孩。汤米那时在家族企业上班，住在家里。第一个摩擦发生在我进他家门的时候。我把鞋脱了，因为他家铺着厚厚的白色地毯，我不想弄脏它。但汤米的爸爸却说我没礼貌。我已经想尽一切办法让他们喜欢我了，但他们还是总挑我的毛病。我给他们买花、送小礼物也没用。他们直接对汤米说，我就不是"他家的人"。

对莱斯莉而言，汤米父母的行为真的很让人不解，她说的话、做的事换来的是完全不对等的回应。汤米的父母在了解她之前就对她十分苛刻，但没有人制止他们，也没有人向他们说明什么是不可接受的。结果就是，莱斯莉陷入了一个让她感到熟悉又自在的境地，一个她已经非常习惯的境地。

在接下来的几年里,莱斯莉一直把自己当成受害者,加害者则是汤米的父母和默许父母行为的汤米。的确,汤米的父母大多数时候都很苛刻,对莱斯莉非常冷酷。的确,汤米没有保护好莱斯莉,在父母面前也比较被动。但这绝不只是一个受害者和加害者的故事。

莱斯莉开始这段关系的时候就抱有不切实际的期望,以为和她没有建立任何情感纽带的伴侣父母能够填补亲生父母留下的缺憾。一旦期望破灭,她会被所有听起来像批评的话刺激到,接着陷入沮丧—受伤—失望的恶性循环。

随后,为了找到原因,莱斯莉做了更加自欺欺人的事——开始质疑自己的价值。

> 我太希望他们喜欢我了,所以一旦事与愿违,我就觉得是我自己太没用了。好吧,这个感觉之前也有,很熟悉,一切问题的根源就是我不好吧。

我帮助莱斯莉一起分析后,她开始发现自己的问题:贬低自我、难以接受批评以及陷入受害者心态。找到她的问题并不是为了给汤米的父母开脱,而是要提醒她,她的不自信、不安感导致她在需要为自己发声和有效解决矛盾时无计可施。但好在你会在接下来的章节中发现莱斯莉和汤米都付出了巨大的努力,改善了夫妻关系和他们应对汤米父母的方式,从而挽救了婚姻。

过去的印记

渴望取悦另一半的父母、被对方家庭所接受是再自然不过的,在一定程度上也是可以理解的。但如果这种渴望导致你自欺欺人，它反而会促使你对和伴侣父母的糟糕关系火上浇油。

在走向婚姻殿堂之前，人们都有自己的过去。你伴侣自身的家庭经历当然会决定他/她在这场混战中有多主动，能保护你到什么程度。但正如莱斯莉的例子显示的，你的自我评价如何、自信与否很大程度上决定了你如何应对伴侣的父母；他们也会通过你的自我认识判断哪些是你自作自受的结果。

有毒的伴侣父母是如何过界的

但你还是要记住最后一个重要的底线：你伴侣的父母应该尊重你、礼貌待你，这是最基本的、无可辩驳的底线。

接下来的章节描述的伴侣父母会不断触及这条底线。他们把不喜欢和不舒服直接挂在脸上，对你和你的伴侣都不尊重。即便他们干涉你们生活的方式并不明显，即便他们并不主动攻击你们，他们意图挑拨你和你伴侣关系的行为还是越界了。他们的共同点是为达目的不择手段——用他们的财富、需求、权威或你伴侣的孝心来对其进行震慑或道德绑架。他们控制你的伴侣，更有甚者，破坏你和你伴侣之间本应独立于他们的成人感情关系。

观察有毒的伴侣父母的行为时，请记住，姻亲关系是一个三方互动的机制。请注意各方是如何互相影响的，并留心姻亲关系中的误区以及你和伴侣陷入误区时会发生什么。

我知道大多数读者已经和以上案例中的主人公感同身受了，相信在接下来的章节里更会如此。我也知道了解其他人的经历能让你意识到自己并不是孤立无援的。你不是世界上唯一有这种感受的人，当然也不是唯一遇到这种情况的人。阅读他人的故事并从中获取力量，能让你认清现实。做到这点，你就迈出了重要的第一步。迎接你的将是美妙的蜕变。

第一章 批评型

批评型的伴侣父母会抓住每一次与你相处的机会来对你的观点、感受和行为挑三拣四，费尽心思地把你的与他们的做对比，然后指责你的不是。不论他们的目的是痛斥你、显示自己的优越性还是只想让你清楚这是谁的地盘，他们都会采用责怪、反对甚至贬低你的手法，目的就是让你知道你永远无法达到他们的标准和期望。只要和你意见相左，他们就不会善罢甘休，他们会喋喋不休，吹毛求疵，提出"建议"，抱怨不停。

和所有消极行为一样，批评造成的后果也分轻重：从只是烦人到深深伤人。换句话说，不是所有的批评都有破坏性或问题严重。如果你认为伴侣父母的大部分批评都只是眼界狭隘、思想过时导致的，或者他们只是开了无伤大雅的玩笑（比如取笑你那台老旧的丰田车，或是嫌弃你外出吃晚餐时穿的牛仔裤），那么请别把这些话放在心上，因为它们无法对你造成持久的伤害。尤其是在你们的关系总体上还不错，他们只是偶尔批评你或者话也不重的情况下，即便他们总是忍不住提醒你要听老人言，你也要学会释怀。你可以把他们的批评当成耳旁风，保持你的幽默感。我知道有时你可能会用特定的措辞来反击他们，但和本质上并不毒的伴侣父母相处时，你几乎总能以别出心裁的方式反击。

比如我的朋友艾丽卡就发现，她不需要用激烈的言辞，就能让她的婆婆露丝不再对她的驾驶技术抱怨不休。

> 露丝今年快70岁了。她有很多值得我尊敬的地方，大部分时

候我也喜欢和她相处。她很风趣，对艺术很有热情，但有点儿强迫症，希望事情都按她想的来。她不喜欢晚上开车，所以晚上我会载她去看电影或吃饭，特别是在我丈夫工作或去外地的时候。但她真的是我见过最爱对司机指手画脚的人，还就坐在副驾驶座上，所以要无视她的唠叨就更困难了。

我们一上车她就开始唠叨了。"为什么你走这条路？这条路这么堵，你得开慢点儿。你要考虑我们的安全啊。我们要赶不上画展了。你怎么不抄近道呢？"诸如此类的。我知道这不是什么大事，直接忽略就好了，但她一直唠叨真的让我很紧张，而且我也不能直接让她闭嘴。我过去的解决办法是尽量忍着，但如果一直这样，整个晚上我都过不好，因为怒气无处发泄。所以有一天晚上我决心做点儿什么。

艾丽卡的聪明之处在于了解自己在这个问题上的底线。可能换一个人就能把露丝的话当耳旁风，但艾丽卡做不到。艾丽卡没有任由自己的情绪积累到非爆发不可的地步，以至于破坏这段大体上很不错的关系。她想到了一个给自己减轻压力的方法。

又发生这种事的时候，我就直接把车停在路边，熄火后把车钥匙递给她，乖巧地对她说："很明显，你并不认可我开车的方式和选择的路线，所以我觉得还是你来开吧。"看到我下车朝副驾驶座走去，她急忙说："行行行，我知道你什么意思了。我知道我这个坏毛病，总是想指点所有人怎么开车，我对我丈夫也这样，几乎成条件反射了。我保证我会注意的。"于是我说："那我也保证如果你控制不住自己，我会提醒你的，我们说好了？"

如果矛盾双方是像艾丽卡和她婆婆一样讲道理的类型，且出发点都是善意的，并总是主动想办法解决小矛盾，那么这种和平收场的情况是有可能发生的。艾丽卡决定不再强忍不悦，虚度美好的夜晚，于是开始积极解决问题。露丝不仅承认了自己的缺点，还真心地想要改变对艾丽卡驾驶技术的挑剔。露丝看重她们的婆媳关系，意识到一直纠缠着鸡毛蒜皮不放会影响她们之间原本不错的感情。想改掉坏习惯并不容易，露丝的挑剔会时不时复发，但艾丽卡会在露丝控制不住时提醒她，她们还有个约定。

我知道有些人可能会翻白眼，心想："就算我好言提醒我的公婆/岳父母去纠正坏习惯，他们也不可能像露丝这么讲道理。"但在你下定论之前，请思考以下问题：

- 你们的关系总体而言好吗？这段关系带给你的更多是快乐还是愤怒？
- 他们是因为小事批评你、让你有些恼火，还是故意出言伤害你？

你可能会惊讶地发现，其实很容易让你伴侣的父母意识到自己的批评是在吹毛求疵，并帮助他们纠正这种习惯。化解非攻击性批评的一个有效方法是问他们"你对我说这些的目的是什么"。这就把话推给了对方，迫使他们解释自己对你的严厉批评究竟有何必要性。

当批评直戳你的痛脚

上文探究了和伴侣父母的关系中我们尚能忍受的情况，而更好的情况是，我们还能保持客观，时刻提醒自己身为成年人该有什么样子，在快要遏制不住怒气时能耐心地提醒他们。但很少有人能在批评直击内心时保持冷静，心平气和。这类批评包括指责你做的事情没有价值，你的选择不够聪明，你作为人不够有价值，你魅力不足或你对伴侣和孩子的关爱不够。有毒的伴侣父母的体内似乎配备了雷达，时刻定位你的痛脚所在。他们对人不对事，瞄准的不是你的驾驶或烹饪技术，而是你本人。

有毒的伴侣父母有各种办法直戳你的痛脚：哪里痛，打哪里。他们可能拙劣、愤怒地出言不逊，也可能"杀人于无声"，又或者打着热心帮助你的旗号指摘你。这时你一不小心就容易陷入自欺欺人的误区，比如自我催眠"等他们更了解我，他们就会改变"或者"他们只是想帮我"。所以，我们需要直接剖析有毒的伴侣父母的所作所为。现在让我们看看批评型惯用的伎俩，一起来撕开他们的伪装。

"无私"的批评者

"无私"的批评者会告诉你他们批评你不过是为你好罢了。当他们质疑你的决定，试图改变你的行事方式，或是把自己的偏好和习惯强加给你时，他们会义正言辞地这样反问你：

- 你难道看不出我只想帮忙吗？
- 你难道看不出我有多爱你吗？
- 你难道看不出我想帮你解决问题吗？
- 你难道看不出这其实是为了你好吗？

当然，站在你的角度确实什么都看不出来，因为实际上他们的"友善"建议你并不需要，他们所谓的"关心"其实是对你的私事的过分干涉，所以他们"无私"的关怀在你看来本质必然是一种批评。

卡尔是一名32岁的承包商。他的岳父雷是一名会自己动手盖房子的生意人，因此卡尔本以为雷会和他惺惺相惜。

> 在最初的闲谈中，雷给我的印象很不错。他很了解建筑，似乎对我的工作也很感兴趣。所以凯伦告诉我雷想过来帮我把车库改造成她的办公室时，我欣然答应了。结果发现，他会要求一切听他的。我刚给衣柜门上好色，第二天他就把门卸下来重新刷了一遍，还告诉我说我刷的衣柜可能连高中手工课测验都过不了。我惊呆了。他说我不会用锤子，我可是靠这个吃饭的啊！他说，他帮我一起做能加快速度，但我一动手，他就摇头，而且会直接上手拿走我手里的工具，说："我给你演示一下。"我当时真的想掐死他，但凯伦把他视为英雄。他确实挺会吓唬人的。

正如卡尔感受到的那样，"无私"的批评者对你所谓的帮助，其实就是贬低你以抬高自己的地位的手段。

雷这种"利他主义"的高姿态让女儿凯伦对他五体投地。这对卡尔来说无异于火上浇油。凯伦说：

> 其实我觉得卡尔有点儿玻璃心了。我爸爸什么都做得很好。当然，他是个完美主义者，这一点让卡尔难以接受，但他俩合作的结果是好的，改造好的办公室非常棒，我很满意。卡尔那么忙，我爸爸有更多时间关注细节。这有什么问题？

问题就在于雷在女婿面前显得特别好斗。父亲想让女儿看到自己比女婿更有男子气概、更聪明、更强壮、更能干、更成功的情况其实并不少见。我与卡尔和凯伦交谈后发现，雷几乎会抓住一切机会，以"帮忙解决问题"的名义在凯伦面前贬低卡尔的形象。

　　凯伦一直很敬爱父亲，因此无法理解卡尔为什么会抱怨。她总是站在父亲那边，让卡尔更加生气，而且她还没有意识到家庭关系已经很紧张了。卡尔决定直接向雷提意见的时候，凯伦便请求卡尔不要做会"伤害她父亲感受"的事。可怜的卡尔，他的感受对妻子而言似乎并没有父亲的重要。

不听老人言，吃亏在眼前

　　"无私"的批评者中的一个十分常见的例子，就是那些当了祖父母/外祖父母的。孙辈一出世，他们就趁着子女经验不足，不厌其烦地显示自己作为过来人的优越性。

　　丽塔34岁，身材纤细，是一名活动策划师。她生动形象地描述了婆婆薇薇安对她永无休止的批评。

　　　　一开始，薇薇安看起来真是出于好意。她爱我的孩子，毕竟那是她第一个孙子。她出手也很大方，买了不少礼物，还总过来帮忙，甚至帮着打扫卫生。但不知怎么回事，她认为这就意味着她有权批评我做的几乎所有事，而且不是偶尔，是没完没了的。如果孩子哭的时候我把他抱起来，她就会说："别这样大惊小怪的，你给他太多刺激了。就让他哭，哭累了他自然就睡了。"这可能是她以前的方法，但我不想这样对我的孩子。接着，我决定不母乳喂养，把她吓坏了。她说我太自私了，说她读过的所有育儿书都表示母乳喂养的孩子发育得更好，说我让我的孩子从出生开始就比别人差，说得好像我什么调查都没做一样。一说到我的儿子亚历克斯，她就变成了专家，我就是个傻瓜。她觉得我会毁了我可怜的小儿子，而她就是来拯救他的。

在爱批评的公婆或岳父母眼中，你什么都做不对，似乎真的"给你可怜的孩子留下了终身的伤痕"。他们标榜自己为专家甚至是拯救者，在行动上敲打你，言语上鞭策你："我最了解这个，我做得更好，我知道怎么养孩子，而你不懂。"

每个人在迎接第一个孩子时都会感到焦虑，会不断问自己："我做得对吗？我做的事情会留给他/她精神创伤吗？"虽然已经过去很久了，但我仍然记得我照顾第一个孩子的时候有多容易自责。那时，我的自我怀疑让我对任何批评都变得异常敏感。

即便你的公婆/岳父母并不像雷或薇薇安那样单刀直入地批评你，"无私"的批评者强加给你的建议还是带有浓重的批评意味，很多时候让你十分恼怒。他们的批评并不友好，也不是为了关爱你，很多时候甚至不是出于一番好心。他们的目的只是为了证明自己比你知识渊博，比你有技巧，比你能干。

当你的伴侣不明所以的时候

就像凯伦无法理解为什么卡尔如此生她父亲的气一样，丽塔的丈夫李也不知道为什么他母亲明明提了"有用的建议"，妻子还要如此不领情。

我妈人一直挺好的。这段时间她一直在照顾宝宝，让我和丽塔能喘口气。我知道她有自己的育儿方式，但我不就是被这么养大的吗？我不是也挺好的？我妈真觉得自己好心没好报了。她俩这事闹得挺严重的，丽塔一半时间都在生闷气。我知道我妈可能有点儿挑剔，但她性格就那样。她的出发点是好的，所以我搞不懂为什么丽塔对她那么冷酷。

李只听进了一方的声音，那就是他母亲传递的看似十分正面的信息"看，我为你做了多少。看，这都是为了你好。看，我不过是想帮帮忙罢了"——而直接忽略了那些或明显或隐晦的批评让丽塔难受的事实。

区分你能与不能接受的建议

要应对"无私"的批评者并不容易，因为一方面，他们的批评和贡献还是有人认可的，但另一方面，如果他们充满优越感的作风和贬低你的行为变成了习惯，那么你绝不能忍气吞声，闭口不谈。你如果不用合理手段约束这些有害行为，精神和情绪健康将受到很大的损害。我不赞同你对他们的每一条建议都嗤之以鼻，但你要清楚的是，普通情况下不受欢迎的建议和直击你痛点、以贬低你为目的的批评有着巨大的差别，因此学会跳出来理性判断你受到的批评属于哪一种是很重要的。即便你的伴侣总是用"他们只是想帮帮忙"来为父母开脱一切，你还是有权主动应对伤害你自尊的批评。

本书后半部分将详细介绍应对此类伴侣父母的有效策略。你将学会如何在认可他们的帮助的同时提醒他们不要越界。

两面派的批评者

有些伴侣父母在批评人方面就是十足的两面派,他们可能会:

- 背着你的伴侣批评你,当着你伴侣的面则对你态度友好。
- 对你的伴侣说你的坏话,等你一出现又笑脸相迎。

不论是哪种两面派,他们都在你的婚姻中引发了矛盾和误解。

帕姆27岁,是一名橱窗展示设计师。她认为自己被婆婆西尔维娅人身攻击了。

> 我特别讨厌她趁我丈夫克里斯没下班来我家的时候。她最爱唠叨的是"你不觉得你应该要孩子了吗?你现在年纪不轻了,你知道吧?我在你这个年纪已经生三个了"。要么就是拿出粉饼盒放在餐桌上,再涂几层口红,然后小声对我说:"你的脸色太苍白了。你应该化点儿妆,亲爱的。"好像她和我增进感情的方式就是批评我似的。我俩单独在一起的时候她总这么喋喋不休,但克里斯在的时候她就换上了好婆婆的面孔。她会让克里斯离开厨房去休息,说剩下的交给我们就好了,然后话锋一变,就开始嫌弃我的厨房有多脏。我和克里斯谈起这件事的时候,他一副难以置信的样子,而且还火上浇油地说我太情绪化了。然后我就开始自我怀疑,是不是我真的太敏感了。为什么他就看不出来我需要他支持我,而不是再批评我一次呢?

因为克里斯对母亲的行为视而不见,帕姆感到孤立无援,意识到克里斯并不理解她。结果,她只能生闷气,而不是寻找应对婆婆行为的办法。

"借刀杀人"

借刀杀人指的是自己不出面，借别人的手去害人的行为。"借刀杀人"的伴侣父母会借你伴侣之口来批评你，以免和你发生正面冲突。他们本人通常会对你和颜悦色，笑脸相迎。如果单看他们和你在一起时的言行，你可能完全不会认为他们爱挑刺。的确，你可能嗅到了他们对你的不认可，他们的态度看起来好像也有些僵硬或虚伪，但你会提醒自己说，这还是和直接批评你有很大差别的。但是，接下来的内容将带你揭开他们伪善的面具，看看你不在时他们会如何抨击你。

"借刀杀人"的伴侣父母中很常见的一类，我称之为"被害妄想症患者"。这一类人总是因为臆想出的鸡毛蒜皮而怒气冲冲。他们曲解你的大部分言行，认为你对他们进行了人身攻击。但他们不会直接对你表明他们的不快，而是把你的伴侣卷进来，在他／她面前批评你。

安吉拉22岁，是一名法务秘书。她的婆婆弗朗西丝便属于此类。

> 去年感恩节我们一起过的时候，我在厨房，弗朗西丝和我丈夫埃德在摆餐具。我听见弗朗西丝对埃德说我对她的态度很不好，特别是打电话的时候。她说每次她打电话来找埃德时，如果是我接的，我就会直接把电话给埃德，说："你妈打的。"这句话不是再正常不过吗？我当时就纳闷，这到底有什么问题？然而她说，她认为我"不尊重她，在侮辱她"，希望埃德教育教育我，让我对她态度好一点儿。我丈夫咕哝着说，他会的。我简直不敢相信我听到了什么。

安吉拉感到困惑再正常不过，因为很多时候，我们的确很难理解"被害妄想症患者"们为什么能曲解最善意的言行，为什么总把事物往消极方向解读。但无意间听到婆婆和丈夫的对话至少能让安吉拉和埃德开诚布公地谈一谈。

大家各自回家后，我告诉埃德我听见他们说话了，问他弗朗西丝还抱怨了我什么，毕竟她不会当着我的面说。埃德想打马虎眼，但我看出来他其实有些害怕。我告诉他弗朗西丝经常让我很不愉快，我们得好好解决这个问题。他同意了，说他夹在中间也感到很累。他说他妈妈对我说的很多话都很不满，而且几乎是从我嫁进门就开始就不停抱怨我对她不够礼貌，不够尊重。如果他帮我说话，弗朗西丝就会变得异常沉默，所以他觉得说了也没用。

埃德说的没错。他这种处理问题的方法是无效的，只会加剧矛盾。弗朗西丝试图将儿子当作改变她眼中安吉拉不当行为的工具。我告诉埃德，他如此处理问题只会把自己推进两难的境地，就像在职业拳击赛上试图干预选手的裁判一样——在这种情况下，被揍得鼻青脸肿的会是谁？埃德要做的是让当事双方面对面解决问题，而不是成为传声筒，回家后再告诉妻子他母亲又抱怨了她什么。

一旦"被害妄想症患者"认定某人伤害了他们，他们便喜欢不厌其烦地向所有人抱怨这个人，但就是不告知当事人。他们纠结的事通常很鸡毛蒜皮也很可笑，但对他们而言，即便是在小事上惹到了他们也不可饶恕。他们通常扮演诉苦的受害者，倾向于把其他人当成"刀"。这里的"其他人"通常就是他们的子女，即你的伴侣。

敌意的扩散

帕特42岁，是一名精力充沛的化妆师。她惊恐地发现，公婆的批评对她的婚姻造成了严重的损害。

我丈夫杰夫每月都会去圣巴巴拉看望他父母几次。我发现每次他回来以后对我的态度都很差，和平时完全不一样。他会挑剔我做的饭和穿的衣服，好像我做什么他都不满意。他要花上几天才能平复情绪，回归正常。好像我嫁给了两个不同的男人一样。不用多想，问题肯定出在他父母身上。所以我直接问他："他们和你说什么了？"结果发现，我公婆完全就是在挑拨离间。他们对我有很多意见：太自我中心，花钱如流水，觉得自己比其他人都优秀。老天，他们数落完我以后，我丈夫该做何感想？而且诡异的是，他们和我在一起的时候对我的态度明明好得不得了！

我告诉帕特，她的公婆实际上在把杰夫当成释放消极情绪和批评的中介。他们不愿直接向帕特表达不满，因此会通过杰夫来攻击她。这样，他们就能安慰自己他们不需要为伤害帕特负责了，毕竟他们并没有真做伤害她的事情。

爸妈的乖孩子

和杰夫夫妻俩交谈后，我很快就发现，杰夫在父母面前一直都是一副乖孩子的形象。

我小时候父母对我总是有很高的期望。我不觉得这有什么不对的。他们要求我必须拿A，在运动队里表现出色，还要参加教堂唱诗班。他们以我为傲，我也感到很自豪。

谁都希望父母以自己为傲，但这让杰夫压力很大，而且一旦杰夫无法满足父母的期望，这样的欣慰和骄傲转眼间就变成了无比的失望。

> 我不得不承认，如果我做得不好，他们会追着我唠叨个不停。我不想让他们对我失望。

长大成人后，杰夫心知父母希望他能娶一位富有的朋友的女儿，所以他最终和帕特结婚的决定对他而言是一次叛逆行为。但在难得的独立以后，当父母开始攻击帕特时，他又被打回了"乖孩子"的原型。杰夫认为他只能听父母抱怨，什么也做不了，毕竟好孩子是不会和父母争论或提出异议的。在杰夫父母数落帕特的时候，杰夫儿时养成的做乖孩子的习惯压过了他对帕特的感情，让他不得不对父母言听计从，仿佛和帕特结婚的举动已经耗尽了他的全部勇气。

如果父母想要批评帕特，他就听着。如果父母想让他回家后朝帕特发泄不满，他也会照做。他一直维持着自己的乖孩子形象，殊不知这就快要摧毁他的婚姻了。

我给杰夫提供咨询的时候，他还没有察觉父母对他的思想、感受和行为仍然有很大的影响。

> 我其实觉得我吸收了大部分负能量，至少帕特不用听这些话。我知道见完父母以后我心情一般都很差，但我不知道我那么混蛋。我以前真的觉得我在保护她。

罗马不是一天建成的

当然，杰夫其实可以终结父母很多消极行为，只要坚持让父母不在帕特背后说她坏话，退出矛盾战场。但杰夫的行为证实了我的猜想——像许多对父母无计可施的人一样，他已经对父母长年累月的批评习以为常了。过去他因为让父母失望被批评时，就没能保护自己，现在他违背父母的意愿娶了帕特，又让父母感到失望了，于是当他们将矛头指向帕特的时候，他也没能保护妻子。

而如果你的伴侣不在场时你受到了他/她父母的攻击，那么这就给了你伴侣一个不可多得的借口：不知情。

> 我从来没有亲耳听到我妈对帕特说过什么刻薄的话，所以我不明白为什么帕特这么生气。你应该看看她们在一块的时候。我妈对她关怀备至，可她的回应就不是很热情。

你伴侣的父母数落你时，你的伴侣并不一定能看到你所看的，想到你所想的。他/她可能会花大量时间和精力向你解释父母行为的"背景"，或者"帮助你理解"为何你不该当真或是为自己辩护。而且即便你非常清楚矛盾的核心，你的伴侣可能依然无法感受到你们关系中的紧张气氛，因为他/她从小在批评中长大，早就习惯了。

当批评变成找替罪羊

批评的下一个阶段便是找替罪羊。这时，你伴侣的父母不仅挑你的问题，还把你的婚姻、伴侣和孩子生活中出现的所有问题都怪在你头上。他们可能认为，你们夫妻之间出现的矛盾也应该由你负责，而在明显和你八竿子打不着的问题上，你也是罪魁祸首。

31岁的弗兰有一双灰色的大眼睛，是一名高中教师。她就成了女儿所有健康问题的替罪羊。

> 莉比是我的大女儿,有过敏症和哮喘。我公公杰克就总对我说,我们夫妻俩没好好带她看过医生。莉比的哮喘已经稳定了,但杰克却把这事怪在我头上,说什么治疗方案不够好。就因为医生是我选的,所以医生做得就不对。莉比得哮喘,我当然也不好受,不过她大体上是个活泼的孩子,目前状况也不错。杰克就是看不到这一点,总觉得是我让她得的哮喘!

明事理的伴侣父母在孙辈有健康问题时会对你抱有同理心,也会提供你帮助,但像杰克这样热衷于找替罪羊的人则会乘人之危,让原本自责的你的状况雪上加霜。我见过不少令人啧啧称奇的案例,伴侣父母给儿媳/女婿扣的帽子可谓五花八门——孩子有多动症、阅读障碍以及情绪问题都是他们的错,而实际上这些症状是由很多因素引起的,包括内分泌失调这种非人为因素。而且这类伴侣父母比起真正了解问题,更热衷于利用问题来攻击自己看不惯的儿媳/女婿。

甩锅的好处

有些伴侣父母是在通过指责他人来逃避他们自身和亲子关系中的难题。他们可能一开始对你十分友好,直到某件事发生,击碎他们精心营造的假象。

30岁的凯瑟琳身材娇小,是一名会计师。她的丈夫山姆是一名音乐家,婚后脾气变得越来越差,甚至还有对她动粗的倾向,而她的公婆却把这一切推到她的头上。

一开始，蒙娜和哈罗德很欢迎我成为他们家的一员，因为我很有上进心和责任心。我丈夫山姆在我们谈恋爱时精力充沛、幽默风趣，可婚后却跟变了个人似的。他变得很容易吃醋，情绪也不稳定。他不喜欢我的朋友；如果我喜欢的音乐不合他的口味，他也要发脾气——我都不知道会因为什么惹怒他。我不想拿这件事去烦我自己的父母，因为那时候他们经济上出了点儿问题，所以我去找蒙娜和哈罗德倾诉。我本来以为哈罗德知道发生了什么，但他的表现很被动，蒙娜说什么就是什么。我第一次问蒙娜山姆到底怎么了的时候，我都不敢相信她怎么会是那样的反应。我本来以为她会对我有些同理心，毕竟她儿子什么样她最了解。但我和山姆吵架以后，蒙娜总是责怪我，说我不知道怎么应对山姆，说我对他要求太高，还没有给他足够的支持。可明明是她儿子说话越来越难听，生气时也越来越吓人。

山姆的父母面对自己儿子的问题时选择了自欺欺人。不管表面上他们对凯瑟琳有多么友好，实际上他们总是站在儿子这方——蒙娜是偏袒山姆的主谋，哈罗德是共犯。他们并不打算认真看待凯瑟琳提出的关于山姆行为的问题。

蒙娜告诉我，我必须找到接受山姆脾气的办法，毕竟他只是一个"敏感且十分情绪化"的艺术家。她承认她的儿子从小就是个难管教的孩子，但她觉得，正是阴晴不定的脾气让山姆如此特别。我呢，是跟钱打交道的，在她眼里是没有良心的。她这么看不起我，却完全忽略了山姆没工作时是我在养家糊口，是我在支持他。她甚至还劝我接受心理治疗，这样我就能学会变得更有爱心，更懂得包容！

山姆的父母美化了他的形象，并借此逃避了儿子其实情绪很不稳定且有暴力倾向的事实。他们如果停止责怪凯瑟琳，并擦亮双眼看清现实，可能不得不面对儿子的阴暗面。虽然承认这个事实十分困难，但如果山姆父母能做到这点，那么他们便能和凯瑟琳合力对山姆的行为进行干预，也许能给予山姆必要的帮助。

但不幸的是，他们宁愿选择自欺欺人。毕竟，一旦承认这个事实，他们又该怎么评价自己为人父母的表现？他们怎么可能忍受养出一个混蛋的愧疚？他们没能在山姆的暴力倾向产生早期送他去接受精神治疗，如何向自己交代？此时，把问题推给外人能让他们免受"良心"的谴责，所以对他们而言，自责太令人难受，批评凯瑟琳便万事大吉了。

把婚姻问题全部推给凯瑟琳自然也让山姆如释重负。这就像他父母一直以来对他的纵容，让他可以逃避对自己生活中的错误、痛苦和混乱的一切责任。

如果你的伴侣同意他/她父母的想法，认为某些问题的责任的确全在你，不要感到惊讶。事实上，你的婚姻问题越多，你伴侣的言行便越有可能和其父母保持一致。你伴侣的父母把问题怪罪于你的倾向对你伴侣具有很大的吸引力。毕竟，为自己的失败找借口时，责怪别人总比自责来得容易。

危险模式

成为替罪羊会让你开始怀疑你对现实的认知。当你生命中如此重要的人们联手针对你，你很难继续相信你之前对爱情和亲情的理解。

第一章中，我提到莱斯莉是如何被"这个家所有的问题都是你的错"这样的批评深深影响，以及她是如何逐渐将这个批评认定为事实的。她一旦开始有这种想法，便正中她公婆的下怀，成为贬低自己的帮凶。

把责任推卸给儿媳/女婿的最糟糕的案例，便是涉及家暴的情况。施暴者父母典型的做法就是粉饰太平，对子女的暴力行为视而不见，反而责怪儿媳/女婿本人有诸多"性格缺陷"，解释说正是这些"缺陷"导致或者激化了暴力行为。在多数情况下，这类父母甚至会声称家暴事件是儿媳/女婿捏造的。

受害者的困境

那么，攻击的受害者是如何应对的呢？你会惊讶地发现，在伴侣父母的批评下，平时坚强、聪明的成年人也会怒而不言，或是脆弱无助。

读到这里，我相信有人会感到疑惑，为什么被批评的人无法更好地保护自己？为什么在被攻击当时无法反驳？毕竟，他们是拥有各种权利的成年人，不应该总是指望自己的丈夫或妻子帮助自己。

大多数人无法正面应对和有毒的伴侣父母的冲突，原因是感到自己和他们并不处于平等的位置。伴侣的父母不仅是他们的家庭成员，也是长辈。当你受到尊敬长辈的压力，不敢冒犯伴侣的父母是再正常不过的事，即便他们似乎不会对你手下留情。

"我不想做家里的坏人"

丽塔和我交谈的时候，明确指出了让大多数人无法有效应对恶意批评的深层原因。

> 是的，全家人都知道我婆婆是个大麻烦，我也很乐意告诉她这一点。但似乎有什么不成文的规则，告诉你不能说真话。这个家喜欢营造家和万事兴的假象，所以我不想做家里的坏人，惹怒婆婆，然后让大家都不好过，所以多一事不如少一事吧。

丽塔坦白说，在面对朋友或同事的批评时，她很清楚要怎样在合理范围内表达自己的愤怒，但和她婆婆这样沟通的风险实在太大。大多数人和丽塔一样，不想造成家庭动荡，被当成麻烦制造者，所以宁愿保持沉默。

气到无言以对

很多人之所以保持沉默，是因为在受到伤害时常常气到根本不知道该说什么。卡尔的岳父雷数落他的时候，他就是这样的。

> 我手下有很多人，和他们打交道没什么问题。但我跟你说，我发誓我说的是真的，雷一开始数落我，我就觉得我像个5岁小孩，而且我竟然想不到一句话来维护自己。听完他的话，我胃里不舒服，胸口也发紧，有时候我真觉得我要炸了。

在巨大的压力之下，很少有人能找到恰当的措辞，既给自己力量，又缓解紧张气氛。很多时候，焦虑占了上风。我们要么气急败坏地开战，要么伤心到只想逃离。你是不是有很多时候很气自己在受到攻击当时哑口无言，一个小时或一天后却猛然想起该如何绝妙反击？这是很正常的，因为当你气到肠子打结的时候，大脑是很难冷静思考的。因此，本书后半部分的话术能给你提供有价值的帮助。不论你当时有多紧张,先背下这些话,你便能机智应对批评。

拉锯战

卡尔无法采取积极措施的另一个原因,是他妻子不愿意冒犯父亲。很多人被伴侣的父母批评以后忍气吞声,就是因为不希望伴侣难堪。情况可能的确很严重,但和卡尔一样,很多人宁愿牺牲自尊,也不愿意惹怒伴侣及其父母。

另一个案例中,丽塔也发现自己陷入了一场拉锯战。

> 我不想让李难做,不想逼他在亲情和爱情间做出选择。可能我担心的是他不会站在我这边吧。

丽塔不敢试探李心目中谁重谁轻。基于李此前对丽塔的抱怨做出的反应,她意识到,如果必须做选择,她丈夫很有可能和他母亲站在一边。毕竟,被婆婆批评再痛苦也痛不过丈夫对她的背叛。所以,丽塔像大多数人一样,并不敢以身犯险。

上述理由可能并不足以令外人信服,但从局中人的视角来看,即便闭口不谈并不能解决问题,还是有人愿意维持现状。

被批评的恶劣后果

批评者催生了不少脆弱与自我怀疑。他们会打击你的自信。如果他们的贬低让你难以忍受,那么你很快便会发现,你开始怀疑自己的认知和判断。你会开始自我否定:如果他们没批评错呢?我们本身就存在的自我批评现象会被外部负面评价激化。最严重的结果是,你会怀疑自己是否什么都做不好,从而质疑自己生而为人的价值。

权衡利弊以后,大多数人为了息事宁人,便会按照批评者的心意行事,于是把生活的掌控权越来越多地交给他们。

第三章　占有型

前文中批评型的伴侣父母会放大甚至捏造你和伴侣的缺点和问题，但占有型的伴侣父母则很乐意承认你们的优点，认为你们对家庭的贡献是不可替代的。他们希望和你待在一起，让你觉得你有提升他们生活质量的独特能力。但实际上，这类伴侣父母会根据你与他们相处的时间来衡量你对他们的爱，而且永远认为你花在他们身上的时间不够多。在他们看来，你对隐私或独处时间的需求，在他们占据你生活的需求面前都不重要。

即便你意识到你伴侣的父母已经开始入侵你婚姻的方方面面，有时这看起来却仿佛一种"甜蜜的负担"。占有欲强的伴侣父母通常会使用以爱为名的糖衣炮弹，其言行无不透露着对我们大多数人的期望：保持联系、表达爱、忠于家庭、坚持传统。上面哪一样有问题？但假以时日，你便会发现他们所谓的"渴望保持联系、表达爱、忠于家庭、坚持传统"有其特殊含义，并指向一些特殊的行为方式。

"保持联系"意味着"你不是一个独立的个体，我需要你的时候你必须出现"。

"表达爱"意味着"你是我生活的全部，所以你有义务取悦我"。

"忠于家庭"意味着"要始终把原生家庭而不是你自主组建的新家庭放在第一位"。

"坚持传统"的言下之意是"不管你的生活变成什么样了，我们都要按照我们一贯的方式行事，这是铁律"。

你可能要经过数年的纠结后才能发现，你、伴侣和伴侣的父母对爱与家庭有着完全不同的期望。但最终你还是会明白，不论占有型的伴侣父母表面有多友好热情，他们和其他型的有毒的伴侣父母其实并无差别：只有你和你的伴侣对他们言听计从，始终将他们放在第一位，他们才会真正满意。

结局并不美好的童话故事

莉兹是一名30岁的托儿所幼师，经医生介绍来向我咨询。她面容疲惫，声音微弱，我需要很努力才能听清。

> 我因为人生中第一次偏头痛去看医生的时候，做了所有的常规检查，都没发现问题。于是医生问我："莉兹，你在烦恼什么？"结果我脱口而出的是"还不是我该死的婆婆"——我从没想过我会那样说。

莉兹告诉我，她的原生家庭很糟糕，并没有给予她多少关爱，所以成年以后，她十分渴望获得大家庭的温暖。遇到保罗和他家人以后，她简直不敢相信自己何德何能如此幸运，她当时认为自己已经上天堂了。

> 他的家人经常交流，花时间聚在一起。他们需要彼此，也真的会对彼此说"我爱你"。我的天哪，他们家还一起打垒球，一起野餐，还叫上我参加所有家庭活动。一开始感觉真的很棒。但俗话说得好，天上不会掉馅饼。这是真的。有些人可能会抱怨说自己的公婆对他们太冷漠、太疏远，但我现在真的希望我的公婆和我们保持距离。

莉兹表示虽然保罗的父母有其优点，但她真的越来越担心他们俩，尤其是她婆婆泰瑞到底想占用夫妻俩多少时间。莉兹和保罗结婚之前，他们的生活就被泰瑞的各种活动邀请占据着，但当时莉兹认为情况会在他们结婚后改善，泰瑞会逐渐接受儿子有属于自己的独立生活的现状。但事与愿违，结果是不管生活如何千变万化，泰瑞夫妇的行为依然如故。

其实除了这点以外，我的公婆对我挺好的，所以我并不想像个怨妇一样，抱怨这抱怨那。他们真的全心接纳我，从未反对过我们的婚姻。但他们总认为一切都要和我成为他们的家庭成员之前一样，不能有变化。

我问莉兹她婚后这一年发生了什么。

泰瑞总是明里暗里提醒保罗，说他没有花足够时间和家人待在一起——这里的家人主要指的是她。她组织了一堆家庭活动，并且希望我们能抛下一切参加。她甚至希望我俩和他们夫妻俩每周来次四人约会，好像我们都是年轻人一样。压力最大的是规划假期的时候。我们夫妻俩都是朝九晚五的上班族，一年就两周假。但泰瑞非要插一脚，希望组织家庭度假活动，每天都会打一通电话告诉我一个新花样，给我寄邮轮旅行手册，说全家人都可以一起去玩！我和保罗说了，就两周假期，我俩得自己过，不和他家人在一起。但泰瑞说，如果我们假期不想和他们待在一起，那他们也不去玩了，因为没有我们陪着，他们自己玩也没什么意思。所以我能怎样？我不可能因为自己让所有人的假期泡汤。

一开始，你伴侣的父母真诚、兴奋地接纳你为家庭新成员的行为很容易蒙蔽你的双眼，让你看不清某些事实——其实他们每次看似有理有据的讨好都是在过度索求你的时间和关注。一旦他们要你和你的伴侣对他们的心情和幸福负责，这就再也不是增进感情的问题，而进入了必须时刻照顾好他们的情绪的危险领域。而这是个十分沉重的负担，重到你即便和莉兹一样渴望家庭的温暖，也想卸下重担喘口气。

到头来你变成了"问题"本身

你对伴侣父母态度的转变，可能让你的伴侣觉得你喜怒无常、难以捉摸。莉兹的丈夫保罗在妻子开始尝试和他父母保持距离时感到十分困惑，甚至愤怒。

> 我不知道发生了什么。她本来很喜欢我的家人，怎么突然之间又说他们让她感到"窒息"，觉得他们"要求过多"？我妈听到莉兹不想和他们一起过假期的时候可伤心了，根本不知道自己哪里做错了，冒犯到了莉兹。我爸妈都很喜欢莉兹，希望家人多聚聚，这有什么错吗？我猜莉兹的反应这么大，可能是因为她自己家太糟糕吧。她不知道真正的家庭是什么样的。

保罗坚信莉兹的抵触心理源于她并不快乐的童年。这个理由对他来说最好接受，却让他看不清他的原生家庭和新家庭中有什么问题正在发酵。

保罗的这种反应自然刺伤了莉兹，让她很生气。自己的婚姻生活被控制欲强的公婆过度侵占让她极为不满，尤其在她丈夫还认为这样的行为很正常的情况下。保罗就是在这样的家庭氛围中长大的,他眼中的家庭就该如此,因此他无法理解莉兹对他父母的行为的感受为何与他的不同。更糟糕的是,莉兹并没有给予保罗足够的尊重,再加上母亲的施压,保罗就变成了双方的出气筒。可想而知,莉兹和保罗的假期过得并不顺心,双方经常互相挖苦。但好消息是,这样的假期终于让他们开始寻求帮助了。

为什么结婚以后就要改变

很多父母似乎固执地认为子女结婚后的生活是不需要改变的。他们会想尽一切办法排除子女婚姻的影响,继续保持他们熟悉的生活方式。从前文中的例子和我的经历,甚至可能还包括你的观察来看,你的伴侣为了家庭和谐,也会保持固有的生活模式。

皮特是一名28岁的保险销售员。他一进门就一脸愁容,对妻子艾伦"非要我俩跟她爸保持亲密"这一点愤愤不平。皮特明白艾伦和其父阿特的关系十分亲密,但阿特几乎每天都在侵占他俩的生活,这让皮特十分惊讶。

你真该看看阿特是怎么和艾伦相处的,就好像艾伦还没出嫁,还住在家里一样。阿特对艾伦还是一副十分溺爱、保护欲过强的样子。艾伦上高中那会儿,他就因为某个课程的老师给了艾伦C而想让学校炒了他。现在他几乎每天晚上都要和艾伦通话,问她我们晚饭吃了什么,买了什么,今天她赚了多少。我岳父还没做好准备让女儿独立。他希望艾伦每次做决定的时候第一个问他,即便这个决定是关乎我们夫妻俩的。艾伦如今已经不会完全依赖他这件事让他无法忍受。事情已经到了他俩通话时我得去另一个房间的地步。我就是很气阿特把艾伦当小女孩这件事。他都不想让她长大，更别说让她为人妻了。

从阿特的行为来看，他似乎认为女儿的婚姻顶多为父女关系增加了一些不便，对待女儿的方式就像女儿还单身一样。在阿特眼里，女儿刚成立的家庭几乎不存在。

但姻亲三角关系中的问题不只出在伴侣的父母身上。且看皮特一个有意思的表述——"他不想让她长大"。当我问皮特能否从确定妻子责任的角度重新组织这句话时，皮特思考了一会儿，深深叹了一口气，说："我懂你的意思。这句话应该这样说：'艾伦纵容她爸爸不让她长大的行为。'"

阿特对艾伦的占有欲之所以能够持续，是因为艾伦的自我认知没有改变，还未从女儿转变为妻子的身份。与大多数年轻人一样，艾伦对婚姻和独立的初步体验远没有作为女儿的体验来得真实、长久。如果艾伦能明白身份转变的必要性，事情还是有转机的。

是大礼还是陷阱

占有欲强的伴侣父母坚称保持联系、增进感情是最基本的家庭美德，因此便有了入侵你生活方方面面的借口。有些占有型伴侣父母十分想成为你生活的一部分，而这种心态导致不论在生活的哪个角落，你都会条件反射地想到他们。而且在通常情况下，这种伴侣父母根本不知道他们有多影响你的生活，也不知道他们的行为对你的婚姻质量造成了多大损害。

莱斯莉很快便发现，她婆婆的行为从讨人厌，升级到了试图插手一切。

　　我公婆发现没法阻止我们结婚后就改变了话术，表面上像是个进步。我婆婆突然说，希望我俩和他们住在一起。一开始，她希望我俩住进他们家，说这样能帮我俩省钱。我那时觉得她应该是在开玩笑，毕竟这都什么年代了？但她完全不觉得有什么不对。我拒绝以后，她便坚持要和我们一起挑家具，说钱由她出。我不喜欢她选的家具，但我丈夫就说："我们怎么能拒绝这种礼物呢？"接着，我婆婆就开始指挥我们把房子刷成她选的颜色。她会不请自来，带上几幅她认为我们应该挂在家里的画。当然了，她每次都说是来帮忙的。一开始我其实挺开心的，心想他们终于接受我了，再怎样都比被冷落好吧。但我现在觉得自己活像《圣经》里那个被鲸鱼吞进肚子里的人物。我觉得我婆婆希望我们的新家和她自己家一模一样，她可能希望我丈夫好像还住在原来的家里。

更确切地说，是莱斯莉的婆婆希望感觉儿子还住在家里。

　　汤米找到了他真心关爱并希望与其组建属于自己的家庭的对象，但汤米的母亲不仅没有为儿子感到高兴，还因为一直在情感上过度依赖汤米，将莱斯莉视作可怕的竞争者。我告诉莱斯莉，她其实刚好撞进了这对母子间最浓烈的情感纽带。在健康的家庭中，这样的亲子关系是流动的、灵活的，并能适应变化。但如果你的伴侣有汤米母亲这样占有欲强的父母，那么你会被他们视为夺走他们骨肉的假想敌，而他们送出的礼物和所谓的帮助通常都意在引诱他们被夺走的孩子，为的是唤回他/她对父母的爱。对莱斯莉的婆婆而言，刷房子和选家具不过是夺回儿子的计划的开始罢了。

文化冲突

如果你伴侣父母的家族与你自身的文化、种族或宗教背景不同,那么要抗拒他们对你生活的入侵并非易事。为了被喜欢和接受,许多人会拼命去理解和容忍配偶原生家庭的习俗。一开始,你可能未曾意识到伴侣的父母对你是否要求过多,而且出于礼貌和对伴侣原生家庭的传统的尊重,你会一再满足对方父母越发过分的要求,到头来才发现自己已经怒不可遏了。

凯特是一名23岁的健身教练,她的伴侣泰德是一位商人,来自一个家庭成员关系亲密的犹太-伊朗裔家庭。

我和泰德恋爱甚至是同居时,他们没有要求我把多少时间花在泰德家里。但在婚后,泰德告诉我,每个周日,每逢假日,我们都要和他家人吃晚餐。他家里有很多人,还包括一些根本不说英语的亲戚。如果我表现得不情愿,或者让泰德告诉他们我们另有安排,他的家人就会给我们压力。比如,他们会当着我的面开始说波斯语,让我觉得我像一个被边缘化的小孩。他们的想法是,家庭就是一切,朋友是无所谓的,因为朋友都是陌生人。

泰德的父母甚至找到了一个看似宽宏大量、充满爱意的方法来压制凯特因为无法和自己的父母过节而产生的怨气。

我说,我一般会和我爸妈一起过感恩节,提议说也许可以今年在他家过,明年在我家过。结果他们说,那就邀请我父母过来一起过感恩节好了。于是现在我爸妈也被扯进来了。他们根本不想过来。对他们来说泰德家这种聚会真的很无聊。他们就想待在自己家里吃个晚饭。于是他们会向我抱怨，说："意思是我们如果不和泰德家一起过感恩节，就没法见你了？"我最近总是胃疼，我的医生说是焦虑和紧张引起的。我不过是希望每个人都开心，但好像没有一个人对现状满意。

我告诉凯特，她的最后一句话并不准确，因为泰德的父母还是很满意的，而且可能认为其他人也没有意见。如果有人把实情告诉他们，说他们对周末和假日进行家庭聚会的强制规定实际上让人倍感压抑，而且打扰了儿子和儿媳的生活节奏，他们肯定会觉得不可思议。在他们看来，这是他们为人包容、愿意接纳家庭新成员的证明，于是便没有人敢站出来告诉他们真相。

你的家就是他们的家

占有型的伴侣父母眼中没有情感上的或实际上的界线。没有什么界线会像家里的四面墙这样实在而有意义。你的家就是你的避风港，是你的地盘，是你的专属领域。但占有欲强的伴侣父母在做出以下行为时，已然完全忽略这片领地的神圣性：

- 不打电话就上门
- 不看时间也不管你是否有空，直接打电话过来
- 不事先和你确认，就要求在你家举行家庭活动
- 来看你时坚持要住在你家，即便有其他住处可选

前三种情况可能已经足够让人愤怒，但第四种才是真正引发问题的

导火索。你伴侣的父母如果是因为"刚好来到你家附近"才没有事先通知便造访你家并要求留宿，还是可以接受的；但如果他们来你家就是为了让你招待他们长达数周乃至数月，并因此打乱了你的生活节奏，还将自己的偏好强加给你，那就是另一回事了。

入侵者

黛安年近50，是一名百货商店买手，两个孩子都已经成年了。她来见我时压力很大，也很焦虑，因为她下周就要去完成每半年接待一次公婆的任务。

> 约翰的父母早就退休了，手头很宽裕，但他们喜欢一个接一个地拜访子女家，在每个孩子那儿待上一个月。这样的情况持续了十年。轮到他们跟我们住的时候，我总是很焦虑，因为他们一来气氛就会变得很紧张。我不能接受没有自己空间和隐私的生活。他们人还不错，但某些作息与习惯和我们的截然不同。他们五点就吃晚饭了，看电视时声音大到我耳膜都要破了。他们虽然不强求，但也的确希望我们能花时间带他们到处走走，去玩一玩。老天啊，我在这个家到底有没有自己的权利？他们毕竟是我丈夫的父母，我只需要答应他们来看我们的要求就可以了。当然，就几天我肯定是可以接受的，但一个月的时间，是我最好的朋友我都受不了。反正他们每来一次，我们双方都会很不愉快。

当然，家是黛安自己的，她拥有很多权利，而且她完全可以把公婆安顿在自己家以外的地方。但她很担心这会让约翰难堪，而且她也不希望被视作冷血无情。很明显，其中一个解决办法，是为黛安的公婆找到其他舒适的住处。我告诉黛安说，我相信她已经想过这个办法了。黛安的回答不出所料：

> 离我们家三个街区远的地方有个新开业的、漂亮的精品酒店，他们可以住到那里。但约翰一提议，他们就提醒他，他们在他兄弟姐妹家里受到了怎样热情的招待，于是约翰就打退堂鼓了。他爸爸在给我们的圣诞节卡片中写道："我得心脏病以后就看清了许多事。现在我把家庭放在第一位。"这话一出来，约翰直接缴械投降，根本不会再去考虑怎么把父母安顿在别处了。我真的气死了。

每个人的感受都被考虑到了，除了黛安的。如果约翰的父母因为儿子建议他们住在外面而难过，那么为了照顾他们的感受，约翰就会让他们住在自己家里。如果约翰对让父母住在外面感到内疚，那么黛安自然只能理解丈夫并做出让步。

占有型的伴侣父母有时间优势。如果他们长期以来一直过度占据你伴侣的生活，那么你们的婚姻并不能立刻改变这一现状。即便约翰是一位年近50岁的独立律师，他的父亲还是能够激发早期形成的情感纽带，提醒他自己和家庭对他而言有多么重要。约翰的父母将到子女家住一段时间视为与他们增进感情的方法。他们总是把子女称为自己最好的朋友，觉得亲子间能拥有如此坦诚、有爱的关系十分幸运，对此大谈特谈。而约翰很容易便忘记了一个事实：他的家人并不是真的对彼此坦诚。父母的到访是一种无形的施压和逼迫，这已经成为约翰的兄弟姐妹之间公开的秘密了。对黛安而言，公婆的到访让她的偏头痛恶化，压力倍增。

这类有毒的伴侣父母之所以能为所欲为，就是因为了解自己的子女愿意为他们的幸福负责，如果做不到，子女便会感受到非同一般的自责。

约翰就是一例。但他虽然满足了父母的要求，却牺牲了妻子的权益。

你的孩子就是我的孩子

我见过的占有型的一个最有趣的例子，是我的年轻同事吉尔某天打电话来寻求建议时告诉我的。

我给客户提供建议的时候能做到坚定和专业，但一到我自己身上就完全不是这么回事了。你知道，我的宝宝几个月后就要出世了，但我婆婆伊芙琳的行为却很奇怪。我不知道该怎么办。她自从发现我怀孕以后，就把孩子当成她的了！"我的宝宝现在怎样啦？她今天是不是一直在踢你肚子啊？"然后她就会一直臆想她将来要和宝宝做什么母女才会一起做的事，而且很明确，那里完全没有我的位置。伊芙琳离婚很久了，看起来好像朋友也不多，所以我猜她应该是希望通过我们获得快乐吧。实话跟你说，我有几次都想干脆和肖恩分手好了，这样我就可以远离这个女人了。她在我生活中阴魂不散，太烦人了。

我问吉尔肖恩对此做何反应，果然答案不出我所料。

肖恩知道他妈妈这样做不合适，但是他还是不敢说什么，因为[此时我和吉尔异口同声道]他不想伤他妈妈的心。但时间一天天过去，他对此一言不发的行为真的让我们的婚姻关系变得十分紧张。

肖恩没有直接与母亲共同解决占有欲的问题，反而在纵容母亲不切实际的幻想,并动摇了妻子的地位和重要性。我建议吉尔坐下来和肖恩谈谈,一起商量如何将问题扼杀在摇篮中。以下是夫妻俩需要采取的行动。如果肖恩不配合,我建议吉尔自己行动。

- 告诉伊芙琳,自己很感谢她如此关心宝宝,但她俩必须明确各自的角色,各司其职。
- 告诉伊芙琳,从现在开始,她需要确定合适的词来称呼未出世的宝宝,比如"我的孙女""宝贝孙女"或其他能清楚定义谁是母亲、谁是祖母的称呼。
- 现在和伊芙琳定好希望孙女叫她什么,是"奶奶"还是其他可用的称呼。
- 向她明确指出她在孩子生活中的参与度有多高。参与度应该能让夫妻俩接受,但也要向她保证尽可能让她参与孩子的生活。

一开始被这样要求时,伊芙琳可能会不大情愿,但是不用担心,假以时日,她会逐渐接受吉尔的规则,而吉尔的压力也会骤减。

所幸吉尔当初能提前制定好基本规则,因为一旦孩子出生、问题出现,再想制定规则就难上加难了。不过无论何时制定规则,都亡羊补牢,为时不晚。明确要求很重要,而且这种方法适用于任何想要模糊你角色定位的未来或现任公婆/岳父母(即便你的孩子年纪稍长),即便他们可能完全没有意识到自己的行为有问题。

离间并各个击破

有时候,如果你伴侣的父母无法让你的丈夫/妻子按照他们的心意行事,他们可能会采用另一个入侵式伎俩:把你拖进来,通过你来达成目标。

布拉德是一位说话温和的销售员,今年37岁。他已经因为和妻子的矛盾不断激化而来咨询几周了。他说,他妻子的性格非常情绪化,十分敏感。我问他当前问题的主要根源是什么,他马上回答说,问题出在岳父道格身上。道格虽然住在其他州,却过分地侵占了夫妻俩的婚姻生活。

> 我妻子简和道格关系一直不太好,已经这样15年了。我见过道格,觉得他人还不错,就是脾气有点儿冲。简不想和他有太多交集,但他这么多年来经常用信件和电话轰炸简,引用《圣经》里的句子,想说服简尊重他、对他敞开心扉,但这不管用。于是他就盯上了我,开始给我写信了。看,这封信就是一切的开端。我带来了复印件。

我让布拉德大声地把信读给我听。

> 亲爱的布拉德:
> 　　我认为我有权写信给你,以修复我和简的关系。这可能是我最后一次机会了。如你所知,我和简母亲的婚姻一团糟,她因此从未原谅我。我曾经尝试尽力修复与她母亲的婚姻,但我还是无法应对她母亲和她外祖父的财富的联手攻击。简的外祖父从来都不喜欢我,最后他终于赢了。他和简的母亲对简添油加醋地撒了很多关于我的谎,而简都相信了。
> 　　我知道,你和我一样深爱着简,我相信你也看到了她对我的恨其实也在伤害她自己。我知道她正遭受抑郁症的煎熬,也正在看心

理医生。我不得不说，如果简能直面现实，承认她童年不幸的根源是她母亲和外祖父而不是我，那么她的抑郁问题自然会迎刃而解。希望你不要觉得我这是老生常谈。

  我认为，她陷在愤怒中太久了，以至于愤怒已经变成她的习惯。我们必须保护她，你和我，因为我们是最了解她的人。我们都知道，她如果肯重新接纳我回归她的生活，会感觉更好。我现在只能指望你了，不要让我失望……

布拉德表示，道格的来信频率之密集让他不胜其扰。他问我，能不能让简和她父亲试着重归于好。

你如果不了解前因后果，仅仅看道格的信，可能的确会像布拉德一样被他所打动：道格只不过是请求与女儿和外孙见面的可怜父亲罢了。虽然他的确犯过错，但他字里行间无不透露着具有很强说服力的真诚。他真的在担心女儿的身心健康。为什么不试着冰释前嫌呢？毕竟，血浓于水。

有限的信息无法直达真相

本章中描述的伴侣的有毒父母通常会要求子女打乱自己生活的节奏去迎合他们的需求，而被他们的伎俩惹怒的一般是儿媳/女婿。但布拉德和简的例子很特别，因为情绪反应更大的是简。我建议布拉德尽快让简也一起接受咨询，我的直觉告诉我，在这种远距离入侵行为之下还有很多事是布拉德不知道的。

简刚开始接受咨询的时候还有很强的防备心，她表示，自己多少有些被丈夫背叛的感觉。我发现她似乎认为我也会打着"家庭""原谅"

的旗号催促她和父亲重新建立联系。我向她保证，我没有这种想法，是真心希望倾听她的故事，而且更重要的是，我希望布拉德明白，不论简在这个问题上做何决定，布拉德都应该给予她支持。说到这里，简放松了不少，开始用温和但坚定的语气讲述她的故事。

我爸一心想重新回归我的生活，即便他已经再婚并又有了两个孩子。布拉德不明白的是，我爸其实只是想在我这里发泄他对我妈的怒气罢了。他想让我承认他们婚姻里所有的问题都是我爱的妈妈的错，而且是我外公用钱让她离开了他。现在我长大了，也有了自己的孩子，他就坚信我能理解他的苦衷了。可这都是20年前的事了，他就是抓着不放。他会定期打电话给其他家人，请求他们帮他劝我。他甚至还会打电话给我的童年玩伴，要他们提醒我他是一个多么伟大的父亲。我已经开始把他的信原封不动地寄回去了，但只要看到他的字迹，我一整天心情都不好。现在他想从我丈夫这儿下功夫了。他就像我人生中挥之不去的阴影。

我问简，自从和父亲关系疏远以后，她是否和他面对面交流过。她回答说：

我之前动摇过，和他吃过几次晚饭，结果后悔死了。吃晚饭的时候，他张口闭口都在说我妈和我外公，根本不听我说什么。我当时就觉得像被卡车轧过去了一样。他特别能颠倒黑白，对事实总有一套自己的记忆。我小时候他总骂我，对我进行心理上的虐待，但他现在根本不承认。我不想和他有什么交集，因为他带给我的都是负能量。他为什么就不能离我远点儿呢？布拉德是不会明白我的心情的，因为他父母就很好。

很明显，道格想要的不仅仅是和女儿重新建立联系。他急切地想把自己对现实的解读强加给女儿，逼女儿和他站在同一战线，给她洗脑，让她相信她爱着的长辈是恶毒的人。正是这份偏执在一开始导致了父女之间的嫌隙，让简把父亲形容为"心怀怨恨的控制狂"。

道格没完没了地纠缠简，想要强行重新融入她的生活，还站在道德制高点指责她母亲，这本质上是对她的欺凌与虐待。他不仅完全没有为自己的行为负责，还把离婚的原因完全归咎于其他人。他甚至否认自己曾经对简施加了精神暴力。现在，他的手段变成了书信，而不是简儿时不得不经常忍受的长篇大论、恶言恶语。

随后，我问简，她是否把事情的来龙去脉告诉过布拉德。

她回答："说得很少，我只是告诉他我不想见我爸，希望他也不要总唠叨这件事了。要把这些不愉快都说清楚挺难的，能说出来差不多就相当于释怀了吧……"

于是我温和地问简："如果布拉德只知道一星半点，那他要怎么认同你的想法并支持你呢？"

我看到布拉德明显受到了震撼。他说："简，对不起，我会解决这件事的。我会明确告诉他，他不能再这样骚扰你了。如果他做不到，我们就采取一切可能的法律措施。"

占有欲强的伴侣父母和其他类型的有毒的伴侣父母一样，经常使用离间和"各个击破"的伎俩。但是，简或多或少希望布拉德能猜中她的心思，并在她给他的信息有限的情况下看清事情的全貌。

如果简不把全部故事告知布拉德，布拉德不会知道妻子需要他做什么。但简不愿意告诉丈夫这些，反而感到焦虑并满腹怨恨。只有打开天窗说亮话，道格想拉拢布拉德的"诡计"才会被识破，简才能赢得她需要的支持。

从解决危机到侵占生活

对你的伴侣而言,最能引发强烈的道德困境的,就是父母在自己的生活中遭遇危机的情况了。父母生病、受到损失或陷入某种困境时,子女发自肺腑地感到担忧并伸出援手是正当的。而不正常的情况是,父母认为他们遭遇的危机使他们有权利占据子女的生活,就算能自己解决问题也抓紧子女不放。危机从这时开始变质,悄然变成侵占子女生活的借口。

茱莉亚是一位面色苍白、神情紧张的中年女子,指甲被啃得秃秃的,体重超标近20千克,与她并不高大的身材相比稍显突兀。她告诉我,她丈夫要求她必须就她母亲过度侵占他们生活的问题进行心理咨询,否则就要跟她分手了。

> 我爸一年半前去世后,噩梦就降临了。我妈郁郁寡欢,我们都很担心她。她不吃东西,自己一个人根本睡不着,所以我得和姐妹们轮流照顾她,帮她打理财务和法律事项,因为这些琐事让她不堪重负。一开始我丈夫阿尔对此没有意见,但一段时间后,我妈告诉我她觉得我是唯一值得信任、可以保障她利益的人。她开始挑我姐妹们的刺,接着就希望我花更多的时间陪她。这样的日子持续了一年多后,我还是几乎天天待在我妈那儿。姐妹们说我傻,因为我妈完全请得起律师和会计,还有帮她打理房子的人。但我认为她这么多年为我付出了这么多,家人之间就是应该互相照顾。现在的问题是,我觉得我在哪头都不是人。丈夫讨厌我,孩子觉得我不管他们,我妈也觉得我陪她的时间不够多。唯一能稍微宽慰我的就是吃了。

茱莉亚的丈夫阿尔是一名保险经纪人，个头不高，头发微卷。他很愿意与妻子一同接受咨询。他的紧张和沮丧都写在脸上。

我不明白为什么我岳母莫莉会从一个聪明、有活力的女人变成现在这样——就好像茱莉亚每天不去她那儿帮她付账单或是做晚饭她就会崩溃。是的，她刚刚痛失了丈夫，我也努力让自己保持同情心。我知道这对她而言就是晴天霹雳，我并不否认这一点，但丈夫去世这件事不会杀死她的脑细胞吧？她还是原来的她。她现在训练茱莉亚为她做事，在尝到甜头后当然是不会轻易罢休的。我们试过雇人照顾她，给她帮忙，可她把他们都赶走了。她就是在利用我们，可茱莉亚拒绝看清事实。

我问阿尔，他岳母的问题对他以及他们的婚姻造成了什么影响。他回答说：

我对茱莉亚说，是时候让她妈妈接受现实，自己对自己负责了，结果茱莉亚看我的眼神就像在看一个连环杀手。但我真受不了了，几乎想从茱莉亚手里抢走电话，对她妈妈大喊:"见鬼吧，茱莉亚不会去你那儿！"天哪，这个问题正在变得，不对，是已经变得非常可笑了。我们整个生活都发生了变化，我们之前喜欢一起做的所有事都要被搁置了，因为"总得有人照顾妈妈吧"。好吧，现在已经一年半了，她妈妈还是不愿意去找心理医生治治她的抑郁症，也拒绝参加我们提议的任何活动，还坚持说如果茱莉亚不照顾她，她就活不下去。

说到这里，阿尔不禁哽咽起来："我好像失去了妻子、爱人、伙伴，也失去了我的朋友。这让我痛不欲生。"

阿尔认为岳母莫莉是时候独立起来了，而这个立场绝对没错，也绝不是冷酷无情。因为莫莉身体状况良好，也有足够的钱雇用居家看护，也可以和数百万失去伴侣的人一样，开启生活的新篇章。但是莫莉拒绝接受抑郁症治疗，坚称除了茱莉亚没人能照顾好她。这似乎让莫莉觉得自己有了掌控权。莫莉急需专业治疗，而没有哪位家人有这个能力。

我在想，为什么茱莉亚无法约束母亲的行为，而她的回答并不让我意外。

> 我和她说我不能过去照顾她，或者提议她去见见老朋友的时候，我总感觉很内疚。所以我就会顺着她。她已经很痛苦了，我实在不想让她的情况雪上加霜。但我知道我不能一直这样，所以我们来你这儿接受咨询了。我会感激你给我提的所有建议。

当你伴侣的父母向你的伴侣发出明确的求救信号，宣称他/她如果不帮忙，他们就会被病魔或死神击倒时，这场家庭危机很快就会演变成对生活的入侵。

自然，我并没有暗示茱莉亚和阿尔应该不去支持和关怀莫莉。但正如茱莉亚的例子显示的，子女独力照顾或陪伴父母时，通常都无法在体力和心理方面得到力量。面对这个问题时，再稳固的婚姻关系也要动摇。

在后文中，你将看到茱莉亚和阿尔如何夺回生活的主导权，同时找到帮助莫莉走出阴影的好方法。对于真正无法自理、必须接受帮助的伴侣父母，书中也会提供实际且有效的建议。

变本加厉的控制

　　占有型的伴侣父母会将亲子情感纽带扭曲成紧绷的绳索，有时候将你和你的伴侣捆到无法挣脱。他们需要你的伴侣和你，需要你们。他们的生活没有你们便不完整、不美好了。他们过分侵占你的时间，寻求你的关注，而这些都隐藏在他们送上的闪闪发亮的礼物或好言好语的伪装之下。在最极端的情况下，占有型的伴侣父母会完全忽视他人明确提出的让他们改变或约束其行为的要求。他们用尽手段来打乱你的节奏，并自以为对你的生活有着举足轻重的影响，借此入侵你的生活。如果你任由他们这样，他们对你的控制将变本加厉，最终可能完全摧毁你的婚姻生活。

第四章 控制型

"他们不让我们自己独立生活。"

"他们总要插手别人的生活。"

"为什么他们就是不能把我们当成年人看?"

如果你对此深有共鸣,那么欢迎你来到了控制狂掌控下的世界。

早在你出现之前,控制型伴侣父母在家中就拥有绝对的权利,而且从未想过放手。他们长期盘踞在食物链顶端,且需要更低端的成员来衬托他们的地位,这就意味着即便他们的孩子已经长大成人,他们还是认为孩子要永远依赖自己。他们并不看重常人向往并为之努力的平等和独立。他们用或大或小的方式洗脑你的伴侣,而后者缺乏足够的胆量和资源去脱离家庭的怀抱,实现独立成长。前文提到的批评型伴侣父母试图让你觉得自己低人一等,但控制型的首要目标则是他们的子女,即你的伴侣。他们的言行永远在提醒你的伴侣"你很自私,你会失败,你没有能力且没有资格靠自己完成某件事",而言外之意便是"那么让我来掌控你的生活吧"。

控制型伴侣父母的目的看起来十分可怕,但至少他们中大多数人的目的并不是算计着如何使你们的生活变得悲惨。他们的目的是通过凌驾于你的伴侣之上来获得秩序感、满足感和优越感,这是他们认为正确的价值观。一旦这样的权力天平失衡,他们会尽一切手段重新掌控局面:公开威胁,大发脾气,收回爱意、金钱资助和认可,还有更隐晦的控制手段以及引导他人自责的伎俩等。他们会优先选择见效最快的方式。毕竟,控制型的伴侣父母几乎都是控制型的父母,所以他们早已"经验丰富"。

婚礼当天便吹响号角

控制型的伴侣父母如果想看看自己能否通过左右你们的决定来达到目的,那么他们遇到的第一个最合适的试水机会就是你们的婚礼。

莎拉今年31岁,身材高挑,一头红发,是一名医生助理。她前来咨询的原因是"我已经受够了,想知道我的婚姻还有没有救"。

莎拉说,打从一开始,她和婆婆克莱尔就陷入了一场"权力斗争"中。那时,她和她做会计的丈夫德文意识到,他们对婚礼的计划和婆婆的想法无法达成一致。

> 那时候我俩每天都要工作很长时间。德文父母正在闹离婚,场面挺难看的,而我父母住在欧洲,于是我们商量该邀请谁来参加婚礼。我俩那时决定只举办一场安静、私人的婚礼,只邀请最近的亲戚和几个朋友就好了。克莱尔却认为我们这样的决定是在羞辱她。她住在科罗拉多,于是只能对我们电话轰炸。她对德文说话比对我狠多了,但德文非常不擅长应付她,这当然让我很受不了。克莱尔会对德文说:"你这不是直接打我的脸吗?这本该是我一生中最快乐的日子!我该怎么跟没被邀请的亲戚交代?你是觉得我们丢脸吗?你就是想让大家都不好过是吧?"然后她开始训斥德文,说他和小时候一样没用,他会为这个决定后悔一辈子。她甚至让牧师打电话提醒德文,说这个决定让他母亲有多难过、多伤心,以及我俩举办一个"真正的"婚礼对他母亲而言有多重要。对了,牧师还提醒我们克莱尔有多大方,她会帮我们出所有的钱。她不知道她这样会毁了我们的生活吗?

克莱尔是一个典型的控制狂,更关注自己的需求而不是别人的想法。她为达目的不择手段的行事作风会让莎拉感到沮丧和无措，也是很好理解的。早期的冲突在莎拉心中埋下了担忧的种子，毕竟她目睹了克莱尔的斥责如何动摇了德文，于是她越发担心丈夫可能没办法在这方面保护好自己。

  这一切对德文来说也是煎熬。他对此真的感到很焦虑，我明显感到他开始自我怀疑了。他开始问我："你确定不邀请更多亲戚来我们不会后悔吗？"可是他自己说过他不喜欢盛大、花哨的排场。我简直不敢想象克莱尔是怎么纠缠他的。我知道她那个时候也不好过，因此需要依赖德文。我和德文感情很好，所以看到他要忍受那么多难听的话，我也很不好受。每次电话铃声一响，德文就会吓一跳。他的态度很不积极，可能知道自己必须要面对母亲的怒气，而且我觉得他也害怕她发怒。这样的紧张气氛也影响到了我们的关系。有几次他支支吾吾地和我说："要么就按照她想要的方式办好了。"我为了坚定立场下了很大的力气。我不断提醒他说克莱尔早就体验过她自己的婚礼了，而这是我们自己的婚礼。但德文就是不敢和她妈妈说"我们的婚礼应该由我们自己决定"。

  克莱尔当时正在闹离婚，无疑会感到害怕和崩溃。如果她能让德文再度妥协，乖乖举办一场盛大的婚礼，她可能会暂时感到儿子还是需要她的，她不用急着想方设法重新进入儿子的生活。对于德文和莎拉的决定，她可以感到失望，也有权直接表示失望，但她绝对没有权利没完没了地纠缠他们，并试图替他们做决定。

  从莎拉的角度看，她认为德文应该对克莱尔采取更为强势的态度。这乍看之下没错，但唯一的问题在于，德文很早以前就被母亲控制得服服帖帖了，仿佛木偶在操控者手下进行一场完美的演出。克莱尔相信德文会像之前那样向她妥协，并会尽力避免对她的攻击做出反抗。而残酷的现实是，德文不可能在一夜之间对母亲长久以来的"驯化"完全免疫，也不可能轻易与母亲发生正面冲突，对此，莎拉不应该抱有不切实际的幻想。

即便德文和莎拉按原定计划举行婚礼，德文也必定会感到懊悔。永远不要忘记：如果你伴侣的父母控制欲很强，而你的伴侣为了你而违背了父母的意愿，那么她/他的内心必定经历了一番痛苦的挣扎。

控制狂不分性别

长期以来，社会各界对控制欲强的伴侣父母存在偏见，认为一般有控制狂倾向的是婆婆，而各类喜剧、脱口秀、咨询专栏和连载漫画中都不乏对此形象的刻画。但实际上，欺压、控制和故意激发他人负罪感并不是婆婆的专利。

27岁的戴维在本地的交响乐团演奏单簧管。他性格温顺，但一提到岳父诺姆是如何对他妻子谢莉施压时，他的情绪明显激动了起来。诺姆是一名优秀的麻醉师，而谢莉则是一家大型律所的合伙人。和莎拉与德文的情况类似，诺姆在他们计划婚礼的时候便开始对谢莉进行堂而皇之的施压了。

谢莉的父母信天主教，但是谢莉已经很多年没有去教堂了，而且对一些东方宗教颇感兴趣。我自己出身的犹太家庭从很多代以前就不太遵守教规了。我们都认为，既然我俩都不参与有组织的宗教活动，那么可以让我们的孩子接受更多不同信仰的熏陶，比如，对我们来说，最好的信仰就是好好做人。我俩本来想在海边找个精致的小型酒店举办婚礼，但是诺姆不同意。迫于他的死缠烂打，我们最终不得不在教堂举行了婚礼。我妥协了，因为我不想一开始就做坏人，但这让我觉得我就是个懦夫，因为我完全没有顾及我自己父母的感受。

戴维发现，他的岳父可能才是家里真正的"控制专家"。诺姆向谢莉施压，表示她平时不遵守教规就算了，但至少要举行一次天主教式的婚礼，好让他心安。他知道，他可以通过谢莉向戴维施压，以达到让他们改变计划的目的。

控制型的伴侣父母经常试图改变和否定你的决定。有时候，如果决定本身无关紧要，你当然可以顺着他们的心意，也不会蒙受很大的损失。然而对戴维而言，无法决定宗教信仰这样的大事，着实侵犯了他的核心信念和人格完整性。

像克莱尔和诺姆这样控制欲很强的伴侣父母对你们的人生该如何开展抱有十分局限且僵化的看法。就拿婚礼来说，一旦他们的想法与你们的相左，结婚便被视为对他们权威的一次标志性的强力挑战。结果便是，有太多婚礼被扭曲成充满紧张和愤怒情绪的战场，而这些负面情绪不免会影响你和伴侣之间的关系。另外，戴维发现，除了要考虑花艺师和酒席承办方，婚礼上要操心的事项实在是太多了。

逐步升级的控制

对女儿和女婿婚礼的控制得逞后，诺姆便准备好强化这种控制了。

戴维和谢莉的第一个孩子降生后，诺姆便开始以孩子为中心，强行向女儿女婿灌输自己的价值观和宗教信仰。当诺姆开始劝说谢莉让孩子接受洗礼时，戴维实在忍不住了。

  我岳父从我妻子怀孕时就开始给她洗脑。首先，他非要让谢莉去看一个她不喜欢的产科医生，因为那是他朋友；接着，他希望我们用他已故兄弟的名字给孩子取名……但这些比起要求让孩子接受洗礼来说根本算不上什么。他那时不断在言语上向谢莉施压，提醒她他们父女的关系一直都不错，他为她付出了多少，还翻旧账说谢莉当时不想去常青藤大学，可没有名牌大学的背景，她到不了今天这种位置。他不断洗脑谢莉，说她太年轻了，说她不能一时冲动，不然以后会后悔。毕竟在他看来，他更年长，有更多人生阅历，反正来来去去就是这些鬼话……要是谢莉直接否定他，他会立刻失态，开始大喊大叫，骂谢莉忘恩负义，威胁说要改遗嘱。他就是受不了谢莉自己做决定。我觉得他恨不得能替谢莉呼吸。

控制型伴侣父母坚持不懈地阻止你伴侣长大的行为的确令人无法忍受。诺姆用言行不断给谢莉洗脑，告诉她她虽然已婚并事业有成，但就是没能力做出明智的决定，特别是当她的决定和诺姆的想法不一致的时候。父亲对自己能力的嘲笑，加上愤怒和威胁，足以让谢莉选择息事宁人。

  现在谢莉说她无所谓了，为了让诺姆满意，就给斯蒂芬洗礼好了。这样的想法让我俩的关系也陷入了僵局。就没有人关心我的感受和信仰。我本来以为谢莉和我都说好了要怎么教养我们的孩子。这次我决不妥协！她怎么能因为不敢拒绝她爸爸就随便处理这么重要的事呢？

戴维刚刚成为谢莉家庭的一员，因此在他看来，问题相对容易解决。他认为他可以直接对诺姆说:"我尊重你的信仰,如果你也尊重我的,那么我会很感激你。我知道这很难,但你只能接受这个事实:我们要按照我们觉得最好的方式来教养我们的孩子。"如果换作是普通的岳父或妻子,这番话也许能够合理地为双方行为划定边界。大家可能会以成年人的方式谈一谈这个问题。可能会有人失望,也可能会有人生气,但最终这个问题会就此解决。但是面对控制型岳父和婚后依然对父亲言听计从的妻子,情况就不一样了。婚礼事件都没有让戴维看清诺姆对谢莉有多大的控制力,而直到被要求给孩子洗礼时,他才明白这点。谢莉和父亲相处的方式和她与别人打交道时全然不同,令戴维很惊讶。

> 谢莉是个让我又爱又敬佩的优秀女性。我听过她和她上司打电话,她能据理力争,可以高效地和其他人打交道,包括和我。但一到和她父亲起冲突的时候,她就变成了软柿子。

戴维遇见和爱上的是成熟、自信的谢莉,所以他难以理解谢莉在面对父亲时为何丢失了和外人打交道时的魄力。和许多有着控制型父母的成年人一样,谢莉对外表现得很正常,因为外界的人际关系不如家里的压抑,没有被父母长年累月的期望、要求、评价所侵蚀。在家里,特别是面对父亲时,谢莉还没有做好身份的转变。当她不得不在丈夫和父亲间做选择时,谢莉通常会选择和自己相处时间更久的一方,即便这会让夫妻关系变得紧张。在本章中,你会发现对像谢莉这样的人,和与控制型父母正面交锋相比,选择让家里的新成员失望带给他们的恐惧和愧疚要少。

从戴维给我提供的信息来看,很明显,谢莉如果想自主做忠于内心的决定,是不可能不跟诺姆大打一仗的。非控制型的伴侣父母能够做到:

- 与你和你的伴侣公开谈论你们的矛盾

- 与你们进行协商
- 以获得解决方案而不是争输赢为目的

但诺姆做不到以上几点。女儿谢莉结婚后,他认为自己的地位和角色定位不保,这对他简直是致命性的打击。一旦感觉失去了什么,人们便会不择手段地夺回来。

在诺姆看来,他如果能打击谢莉身为成熟女性的自信心,并成功地让她放弃依靠她自己的力量和智慧,也许便能让她再依赖自己、再听话一些。如此一来,他便能感觉自己更强大、更不可或缺。

告诉你谁才是老大

一个有趣的现象是,有很多控制狂会让子女或其伴侣在家族企业工作。这样一来,他们便能更轻易地控制子女及其伴侣的个人生活,甚至经济来源。即便在最理想的情况下,在父母或伴侣父母的企业里工作多多少少都会有风险。此时,权力的天平是倾斜的。虽然你似乎得到了更多经济收益和安全感,但最终要付出的代价可能十分沉重。

玛拉是一位27岁的舞蹈演员,扎着乌黑的长马尾。她的新婚丈夫罗勃在父亲杰克和一位叔叔开的会计公司工作。玛拉告诉我,杰克总是在其他人面前斥责罗勃,而且似乎喜欢让罗勃缺乏安全感。杰克向儿子承诺,将来公司会由他继承,但玛拉比较担心当前的问题。她和罗勃计划去欧洲旅行已经一年多了,但杰克总是从中作梗,这让她十分气愤。

如果事情还是这样发展下去,我都不知道我的婚姻还能撑多久。罗勃总是害怕让他爸爸失望。在我们准备去欧洲的前一周,杰克告诉我们,我们不能去。他对罗勃说:"你竟然敢在这个节骨眼上休假?你明知道一个大客户现在正在接受重要审计,而你的速度又拖后腿了。"罗勃反驳后,杰克就说:"你能不能成熟一点儿?做个大人?我给了你多少好处啊。你该干的事是上班,而不是像个傻子一样在欧洲瞎转悠,浪费钱!"这简直就是胡说八道!首先,所谓的重要审计其实只是一次常规审计而已,杰克和罗勃的叔叔自己就能搞定。其次,他们明知道我们已经买好了所有票,订好了所有酒店。可罗勃竟然连气都生不起来。他说,如果他爸爸不高兴,那他也不可能玩得尽兴。所以,我们就取消了所有的行程。我一开始很震惊,现在真的快气死了。我到底嫁了个什么男人?如果这样的情况以后还有,那我真的不想再继续跟他过了!

杰克插手的时机耐人寻味,而更值得深究的是为什么罗勃还愿意待在家族企业,毕竟在公司里,父亲嫌弃他蠢,他的婚姻也受到了影响。当然,罗勃今后有可能继承家业,但到了那天,他的自尊还剩多少呢?一直以来支撑他的希望很有可能并不现实。控制狂能承诺奖励,让你尝到甜头,也能在你想领取奖励时出尔反尔。这样的例子我已经见怪不怪了。有太多控制狂为换取家人的服从,承诺给他们一切。但数年过去,在控制狂退休或是离世后,成年的子女绝望地发现,什么奖励都没有,控制狂承诺要给他们的奖励就不存在。他们收获的唯一遗产,是多年来默许自己不被尊重而留下的深深的精神创伤。

玛拉说,她实在看不惯丈夫被如此贬低和摆布。我问她是如何处理自己的愤怒情绪的,她迟疑了一会儿,似乎很羞愧地捂住了脸。

> 我当然把情绪垃圾都倒给了罗勃。我说他太软弱、太胆小了。而且……我开始借酒浇愁……这让我很害怕。我爸是个酒鬼,所

以我曾经发誓绝对不要变成他那样，但我太孤独了——罗勃要工作很长时间，而且他回到家的时候通常都筋疲力尽了……我们有几周没有做过爱了……

迁怒伴侣

一段婚姻若是被控制型的伴侣父母影响，那么无疑会成为愤怒、沮丧和鄙夷的温床。你会对看似无比强大的控制狂感到愤怒。他们像操控木偶一样用线控制着你们，不允许你们独立生活。你的伴侣无法从这样一个明显畸形的困境中逃离，甚至没办法保护你的事实，可能让你像玛拉一样感到无比愤怒。如果这样还不足以摧毁你的婚姻，火上浇油的是，你可能还会对你伴侣的无能唠唠叨叨，让本来就羞愧的他/她更加无地自容，转而开始对你心生怨气。这一切的确让人喘不过气并感到无助，也难怪那么多被控制型伴侣父母盯上的人做好了弃械投降的准备。

我让玛拉抬头看我。我告诉她，鉴于她公公对她和罗勃的控制欲如此之强，她对此感到愤怒是完全可以理解的。我看到她现在不知道该如何应对，而是逐渐步入消沉、酗酒、心怀怨气的境地。这样不仅完全无法解决问题，还会让情况愈演愈烈，反而印证了夫妻俩的"无能"，正中杰克下怀。我告诉她，我们可以一起找到更好的办法来缓和她的情绪，一起思考如何让她的婚姻回归正轨。

他们的钱控制你们的生活

对控制狂而言，金钱和认可具有很强的关联性。他们会根据你所做的选择，随时给予或收回答应给你的资源，以评价你取悦他们的程度。

正如玛拉和罗勃的例子所示，如果你伴侣的父母也是控制狂，而你们对他们表示顺从，那么他们可能会承诺给你巨大的金钱奖励。

莎拉的婆婆克莱尔正是企图利用金钱诱惑来重新树立一套已经不复存在的家庭权力结构。

> 克莱尔不仅用内疚感，还用钱控制着德文的一切。她知道我们缺钱，于是利用这一点，让我们所有不去看望她的理由都不成立。她会买好机票，这样我们就别无选择。她很大方，但大方行为的背后总是有一根线，不，是一根绳在控制我们。现在她说要给我们买房子，但只能在科罗拉多，因为她住在那儿。她一直对我们说："在科罗拉多盖一座你们梦寐以求的房子不好吗？我们住在同一个城市不好吗？我前几天看到一块不错的地，很适合你们。"可是我们不想住在科罗拉多。我们的生活在这儿，在洛杉矶。于是德文问他妈妈能不能借钱给我们在加利福尼亚买座房子。她拒绝了，说加利福尼亚的房价太高。

克莱尔的意思很明确：按我说的做，你才能拿到钱；按你的心意来，那你一个子儿也别想得。克莱尔用钱来控制孩子的初衷的确比杰克的更善意些，但她的母爱中同样掺杂了利诱的成分。

可能成真的经济威胁

如果你的伴侣并未对控制型父母言听计从，那么控制狂可能会原形毕露，推翻此前对金钱奖励的承诺，甚至威胁剥夺继承权或是进行经济上的惩罚。

斯蒂芬妮今年45岁，是本地电视台新闻栏目的一名编导。她的丈夫是电视台的摄影师安迪，身材高大，性格外向。斯蒂芬妮离过两次婚，不是安迪父母心目中理想的儿媳人选，因此安迪父母并不看好他们的婚姻。

安迪称自己的父母思想很古板，当他宣布要和斯蒂芬妮结婚时，他父母为此气到失态，想尽办法劝阻他。

> 在婚礼之前，他父母就很疯狂了。安迪那时经常待在我家，为了监视他，他父母一晚上会打三四次电话给他。他父母明白没办法改变他的决定以后就威胁说，如果他坚持要娶我，那他就不再是他们家的人，而且要把他从遗嘱中除名。当然，他们提醒他说，这意味着他会损失一大笔钱。那一段时间，他真的压力大到喘不过气，所以我们分分合合了几次。最终，我告诉他说，我不会嫁给一个完全在父母掌控之中的人。

安迪做了一些补充。

> 我并不知道我父母对遗嘱的事是不是认真的。其实我并不太在意钱的事，但我知道他们肯定很生气，所以才会这样威胁我。我是真的担心让他们难过。我知道因为和斯蒂芬妮结婚这事，我和父母矛盾很大，但我实在太爱她了，没有什么能阻止我娶她。我想努力让大家都满意。我向我父母保证他们会喜欢斯蒂芬妮的，同时也向斯蒂芬妮保证一切都会好起来的，但其实我自己也不确定。

控制狂惯用的"大招"，就是在你忤逆他们的时候用让你陷入经济困境来威胁你。遇到过类似情况的人应该对以下两类话无比熟悉："你如果和他/她结婚，就别想继承我的财产了"或是"你如果不念医学院，就别想花我的钱了"。在这个案例中,因为安迪要和一个在父母眼里"道德水准较低"的女性结婚,父母便认为自己正在失去对儿子生活和命运的控制。如果安迪违背父母的要求,他们便会反击,并希望以此迫使儿子放弃斯蒂芬妮。

我告诉安迪,我无法预言他父亲是否会让威胁成真,毕竟我见过狠下心来说到做到的父母,也见过只是虚张声势并最终妥协的父母。但这些都不重要。重要的是安迪要思考,如果这次他任由父亲左右他的婚姻抉择,那么他会把自己推向怎样的深渊。

钱远不只是货币或是购物的手段,而是具有标志性意义,和爱、信任、能力、认可当然还有权力存在着密不可分的关系。因此,即便你本人拥有大量的金钱资源,你的伴侣那控制欲强的父母也可能推翻提供金钱支持的承诺——以此将他们的意愿强加给你和你的伴侣。

以愧疚和恐惧为控制手段

汤米好不容易挣脱了父母的束缚与莱斯莉结婚,但这好像用尽了他所有的勇气和毅力。婚后,他又被打回原形,被父母摆布。

> 他25岁生日那天,他妈妈哭着给他打电话说:"你是我唯一的儿子,今天是你的生日,我们想见你。"接着他们补充道:"只想见你一个。"接着他爸爸接过电话,说汤米忘恩负义,不尊重他妈妈,让他赶紧滚去见他们。于是,即便我们当晚本来有自己的打算,改变计划也让他特别难受,他还是说他必须去。他去找他爸妈了,而我一个人哭着睡着了。

汤米父母使用的控制伎俩不仅可笑，还带有侮辱意味，奇怪的是汤米怎么会如此言听计从呢？的确，他还年轻，这是他第一次住得离家那么远，但他真的很像被绳索操纵的木偶，生活仍然被父母控制着，而且他似乎连"已婚"这个概念最基本的情感意义都不了解。

原生家庭中早已存在的问题

这场家庭闹剧并不是从汤米遇见莱斯莉开始的，早在汤米小时候，问题就已经悄然出现。儿时的汤米发现他一离开母亲，她就会郁郁寡欢；而当他回到母亲身边，她的心情又变好了。这让汤米认为，让母亲心情愉悦是自己的职责。如果他做不到这点，他那控制狂父亲便会介入，要求他这样做。所以，汤米常常为了和家人在一起而放弃参加某些活动、见某些朋友，而且高中一毕业就履行义务般地加入了家族企业。他的梦想本来是上大学，之后做一名警官，但他不得不放弃这个梦想，因为他母亲不想让他离家太远，他父亲则残忍地说他没办法独立。

作为成年人，汤米在情感上不够成熟，且没有意识到自己在结婚后应该负责的对象变成了妻子。事实上，和许多情况相近的人一样，改变情感重心会让汤米无比内疚，甚至感觉背叛了父母。迫于良心的谴责，汤米宁愿继续维持现状。父母一发号施令，他就条件反射般照做。他早已习惯做出让步并迎合父母，这很快便让他将妻子摆到了次要位置。

可以让伴侣难过，不能让父母失望

莱斯莉不是一个被动的人，但她却让自己困在这场荒谬的家庭闹剧中。我问她是否尝试过改变这令人难以忍受的现状。

我对汤米说，不能再这样下去了，但他本人成了我和他父母中间的障碍物，所以我觉得我什么都不能说。我知道我应该离开，我知道这不是正常人该过的生活，但我当时还很年轻，很爱他，他在家族企业上班的收入不错，而且我总觉得事情会变好的。

我第一次给汤米和莱斯莉一起提供咨询的时候，很多事情即刻明朗了。汤米是那种宁愿让莱斯莉难过也不想让父母失望的人吗？答案是肯定的。和本书中的很多人一样，即便汤米和莱斯莉都很难受，他也不敢与强大的父母正面冲突——他想都不敢想。汤米告诉我，这么多年来，他一直对父亲言听计从，而他父亲总是不遗余力地指责汤米在母亲需要他时却不在，让母亲失望，还总会挑出他的所有问题痛批一顿。请记住，控制狂会通过让他人感到无能来实现操纵，而且对所有不符合他们偏好的事物，他们几乎都要插手，并时不时就会翻旧账。

汤米接受了这一切，而且在情感上依旧被父母摆布，所以一旦让父母不悦、失望，他便感到大难当头。于是，他认为唯一的办法，就是把对人生的掌控权交给父母。

你们尚有改善的可能

我告诉莱斯莉，她等了5年，用她的爱对汤米晓之以理、动之以情，希望能奇迹般地把汤米拉回自己的阵营，但都没有成功，所以她的希望不太可能在短期内成真。有意识或无意识的希望、恐惧和愚孝让你的伴侣习惯对父母言听计从，要打破现状并非易事。控制型的伴侣父母会痛击你伴侣的敏感问题。在他们看来，你伴侣对此做出的反应既不理智也不符合逻辑，而是无意识、冲动的结果。

但事情还没到莱斯莉要放弃汤米的地步。我向她保证，通过我们的努力，汤米还是有改变的可能的，而莱斯莉本人也有很多改变现状的方法。他们的问题能够也的确得到了很好的解决。

在孩子出生后变本加厉

如果你觉得控制型的伴侣父母在你们新婚时已经很霸道了，等孩子出生后再看看吧。批评型的伴侣父母可能会否定或指责你的育儿能力，但控制型的行为则更极端——他们会尝试贬低你作为父母的权威。

孩子出生前，控制狂会和你争抢你伴侣的爱；孩子出生后，他们会直接和你与你的伴侣争夺孩子的关注和喜爱。这类情况实在数不胜数，我无法一一说明，但我所见的例子有一个共同点：控制狂通常会无视你给孩子立下的规则、惯例和教育方法，转而直接给孩子灌输他们自己的想法。他们可能会尝试控制孩子的教育、信仰、饮食习惯或是什么时候学习上厕所等问题。如果你遇到了这种把孩子当作证实其自我价值和优越性的工具的伴侣父母，那么你一定会对这类控制行为有多令人愤怒感同身受。

来看第二章中提到的凯伦和卡尔的案例。凯伦的父亲雷一有机会便以帮忙的名义贬低女婿卡尔，而凯伦一般会马上维护她父亲，这让卡尔感到十分愤怒。但是卡尔告诉我，一个事件终于让凯伦改变了对父亲的动机的看法。

我们的儿子德里克今年8岁，很想买某款电子游戏机。我们说可以，但他必须自己挣钱买，毕竟他生日时我们才给他买了一辆新自行车。我们让他做一些家务活，答应他做好了就给他钱。我们告诉他，只要赚到自行车价格一半的钱就行，剩下的我们帮他补上。他听完以后可开心了。但有一天雷带他去看球赛，结果他抱着游戏机回来了！问题是，我们告诉过雷这件事啊。这下好了，我们看起来变成坏人了，他倒成了英雄。结果成了好外公和可怜的外孙对抗刻薄小气的父母了。

当然，偶尔溺爱一下孩子没什么。这如果是雷第一次和卡尔夫妻唱反调，倒也不是大事，但雷挖卡尔墙脚的行为早在外孙德里克出生前就开始了。幸运的是，这场闹剧中还是出现了希望的曙光。

你可能不敢相信，凯伦之后真对她爸爸很生气。我们对德里克说，等他把说好的活干完，我们才能把游戏机给他，结果他崩溃了。凯伦就对雷说，如果他还希望以后能带德里克玩，就不能再做这种越界的事了。老天，我多希望她早点儿对她爸爸这么硬气！但晚来总比不来好，至少现在我们站在同一战线上。

雷在早些时候便显示出了很强的好胜心：雷和卡尔一起给凯伦改装办公室时，雷想让所有人都知道他才是专家。很难让控制狂放弃他们作为强大的父母的这一地位，而你一旦有了自己的家庭，便会对这样无视你的期望和立下的规矩的伴侣父母感到无比气愤。而且在你尝试给孩子立规矩而控制型的伴侣父母却对孩子有求必应的时候，你在孩子心中的形象难免会有负面色彩，而他们则是慷慨大方的长辈。

雷其实完全可以避免家庭矛盾，只要提前和女儿女婿说明情况，询问由他来买游戏机给孩子是否合适就可以。但现实是，雷的控制欲很强，而控制狂通常不会在做事前先和人商量。因此，雷没有事先商量，反而制造了不必要的权力斗争，把可怜的德里克卷入其中，让自己拥有好外公的形象，却最终激怒了其他人。

控制狂也是破坏者

　　控制狂有很强的控制欲，但可能也拥有美好的品质，而你们的关系里可能也有过美好的瞬间。但即便他们时不时对你们态度积极并支持你们，只要他们想要掌控你们的生活，将自己的意愿强加给你们，而你的伴侣却始终无法捍卫自己的权利，那么他们就算做了再多好事，也无法弥补他们让你感受到的无力与愤怒。

　　正常的父母会帮孩子建立对自我价值的认同，帮助他们在身心上做好独立的准备。但有毒的控制型伴侣父母并不太在意对孩子而言最好的是什么，更关注自己觉得好不好。他们会用尽手段打击你伴侣的自信心，不让他/她独立，以此来维系他们熟悉但其实并不牢靠的家庭权力结构。在这种结构中，你和你的伴侣位于最底端。他们为了控制你们不择手段，甚至不惜用影响你们婚姻的方式。

　　他们的言行就好像在告诉你们："我会让你担惊受怕，介入你的生活，并让你自责内疚，信心全无，这样我就能继续控制你，你就能知道我有多爱你。"但其实很明显，他们的行为和爱没有任何关系。

第五章 惹事型

前几章提到的有毒的伴侣父母大多会主动以激进的方式影响你们的婚姻。他们会向你和你的伴侣施压，要求你们按他们的想法生活。他们的策略大同小异，目的都是在你的婚姻关系中占据主导权。

本章介绍的伴侣父母则有所不同。事实上，他们很少甚至根本没有表示对你们婚姻的顾虑，因为他们本人的生活就糟糕透顶、一片混乱，以至于他们还会将你卷进不断升级的危机和灾难的漩涡。

我称这类伴侣父母为"惹事型"，因为他们身上有各种各样的问题：有夫妻间水火不容的，有酗酒或吸毒的，有跟其他家庭成员关系暧昧的，有花钱如流水的，还有在你伴侣儿时虐待过他/她的……你根本无法对这些害人害己的糟糕行为视而不见。当他们的生活越发不稳定，逐渐走向崩溃，你的婚姻也不可避免地受到冲击。

为什么你的婚姻会被影响？你会看到，这是因为惹事型伴侣父母总是能像磁铁一般将你的伴侣吸进他们的麻烦中去。

长期处于冲突中

有些夫妻总处于矛盾一触即发的状态。他们互不信任，对彼此早就怀恨在心，动不动就吵得天崩地裂。如果你成为这种家庭的一员，你的生活便会在突然之间陷入持久的冲突，即便你和他们住得很远。他们分分合合，问题不断。

很多时候，他们中的一个或两个会向你的伴侣寻求支持。突然间，你的伴侣好像被不由自主地卷入了父母无硝烟的战争中，不得不目睹和调解他们无休止的骂战。这样的结果便是：他们对你们生活的影响和最为极端的控制狂造成的影响别无二致。你和伴侣花了大量的时间和精力才创造出自己的生活，而你伴侣的父母则会耗尽你经营家庭的宝贵时间和精力，将你的婚姻根基连根拔起。

达娜身材高挑，是一名30岁的平面设计师。她的丈夫马克是某热播电视剧的布景师。夫妻俩一起来找我咨询。打从达娜和马克在一起，达娜父母闹剧不断的生活就让她疲于奔命，而且常常一发不可收拾，很快就耗尽了马克的耐心。

> 我真不明白我妻子花那么多时间和我岳母格洛丽亚打电话还经常往她那边跑有什么意义。上次她去的时候已经是后半夜了，下着很大的雨，她还出了车祸，我觉得肯定是因为太担心她妈妈的事。谢天谢地，那次她没受伤，但下次她还会这么幸运吗？达娜真的以为，如果她握紧她妈妈的手，支持她，帮她找律师，这次她就真能下决心离婚了。
>
> 但其实她妈妈根本离不成婚。我岳父母闹离婚闹了30年，从我认识他们到现在的7年里，我算是明白了，她妈妈永远是雷声大雨点小，什么"全都结束了，我要离婚"都是说说而已。我不知道为什么达娜一直不明白这点。她妈妈总是抱怨她爸爸的缺点，但总是不敢采取任何行动，所以只能把情绪垃圾倒给达娜，但这样她好受了，达娜就不好过了。我受够她的父母了，我希望他们从我们的生活中消失。我知道我会把气撒在达娜身上，但我真的不知道该如何是好，所以来找你……

转移负面情绪

马克似乎很了解问题所在。他说格洛丽亚向达娜发泄负面情绪后格洛丽亚好受了，达娜却难受了，实际上指出了惹事型伴侣父母中很常见但也不易察觉的一种行为，我称之为"转移负面情绪"。

多年来，达娜的母亲将女儿当作倾倒她对丈夫的怒气和不满的"垃圾桶"。她让达娜知道她为此十分痛苦，达娜因此也十分难受并心疼母亲，进而被激发出了强烈的使命感。达娜总会担心母亲的情绪，于是开始负起解救母亲的责任。这样一来，格洛丽亚便不用为她自己的人生负责了。对格洛丽亚而言，一不开心就把情绪垃圾倒给达娜然后撒手不管的伎俩几乎屡试不爽。

在达娜看来，从一直以来的水深火热之中解救母亲是她的头等大事，比其他任何事，哪怕她的婚姻都重要。她知道她想做拯救者的倾向有问题，但她强调，这次母亲遇到的问题比以往要严重得多。

> 最近我父母的关系真的很紧张。上周他们刚大吵一架，因为我妈觉得我爸出轨了，结果我爸直接离家出走，住进了酒店。这种事之前也发生过，但这次我妈说得好像我爸再也不会回来了。我妈边哭边给我打电话。她太伤心了，连班都上不了。她一直问我她该怎么办，还告诉我爸都做了什么混账事。我不得不打电话给她，安慰她——甚至占用了上班时间。我知道我总提她，总和她打电话，总去她那里，让马克很生气。我知道他想让我跟她说"请不要再拖我下水了"，但我怎么忍心这么做呢？根本不用怀疑，她最后肯定会离婚的，所以我想尽可能地支持她。她说，和我谈心比和任何治疗师和咨询师谈都有用。

"这话肯定让你觉得自己很有力量吧。"我对她说。

"是的,"她窘迫地回答,"从我小时候开始,我妈就把我当作她的'知心姐妹',告诉我我爸有多不堪,而她有多伤心,于是我真的很想去拯救她,让她过得好一点儿……一想到我妈有一天会变得幸福,我做的所有必要牺牲好像都值了。"

"但她没有任何变化,是吗?"我问。

她沉默了一会儿,泪水涌上眼眶。

是的,毫无变化。他们吵完以后会回归"正常",风暴平息,她就会说:"忘掉我和你说过的不愉快的事吧。"真的很尴尬,有这么一对奇葩父母让我觉得很丢脸。可下次又会出现同样的情况,但我只能把无奈的情绪吞进肚子里——而且,她下次还会找我哭诉!

达娜从青少年时期开始就不得不照顾母亲的情绪,所以可想而知,现在母亲向她求救后,她还是会像以前一样对母亲伸出援手,而结果也会像从前一样令人无力。

我告诉达娜,孩子不论年龄大小,都不该被卷入父母的争吵中。她并不能改变父母不和的现状,而最终还是会感到无助、无能为力,连带着对自己的感觉也糟糕透顶。达娜面对这一问题时,身体被肾上腺素支配,不够理智,而是会感情用事,还未意识到过度插手父母的生活对自己的情绪健康和婚姻有何消极影响。

对争吵乐此不疲

有许多夫妻和马克的岳父母一样,一辈子都在争斗,至死方休。他们好像能从小题大做、大吵大闹、摔门、情绪爆发、大喊大叫中得到快感，表现得好像每一次争吵都极其严重，好像马上就要分手。然而他们之后又会回归"正常"，仿佛无事发生过。而他们已经成年的子女如果试图解救他们，只会发现一切都是徒劳，因此感到困惑、沮丧、筋疲力尽。正如达娜所说："就好像在跑步机上跑，其实哪儿也没去成。"

从与达娜和马克的谈话中，我清楚地意识到，达娜父母的婚姻其实就是靠着愤怒和折腾维系的。达娜的父亲总是辱骂和贬低她母亲，而达娜的母亲则喜欢抱怨她父亲这一点，并以受害者自居。达娜也相信父亲保罗已经出轨好几年了，但她母亲却因为恐惧、麻木或是神经质般地离不开保罗而没有采取任何行动。

达娜从青春期开始就坚信自己要拯救母亲。这么多年来她深陷于这样的幻想和需求中，精疲力竭，已经不知道还有什么更好的选择了。即便和大多数人一样，她发现自己解救母亲的尝试并没有用，她也只能继续坚持，而这自然令马克很苦恼。毕竟，马克要被迫和一个不幸福且自暴自弃的岳母分享妻子的时间和精力。但是有了指导和帮助，这一恶性循环很快便会被打破。

"我不是酒鬼"

"这是我的岳父维克常挂在嘴边的一句话。"格雷格叹着气说。格雷格33岁，很聪明，是一名程序员。

每次一家人吃晚饭，或是有人过生日或放假的时候，他会从下午就开始喝伏特加，到晚上就失控了。他会喝到头脑混乱、智力退化的地步，口齿不清，蠢话翻过来倒过去地说，还会讲根本不好笑的笑话。大部分时间里，别人都听不懂他在说什么，所以只能不理会他，然后他就生气了，因为没得到想要的关注。当然，他说了，他不是酒鬼，只是一个喜欢及时行乐的人——但他的所谓行乐让其他人都不好过。

格雷格和妻子安妮塔十分恩爱，但岳父维克奇怪的举动总会破坏原本属于二人的幸福时光。安妮塔出身于一个典型的酗酒家庭，但家中从未有人承认这一点，更别说着手解决这个大家都心照不宣的家族问题了。这类问题还包括吸毒、赌博上瘾、性反常或无数影响生活但令人羞于启齿的行为。不管是以上哪种问题，所有人都对其避而不谈，视而不见。

而作为这个家的新成员，格雷格并不愿意与他们同流合污。他不想装作问题不存在，但也不愿意做那个戳穿真相的人，也是人之常情。我问格雷格是否有可能让家人们聚在一起，对维克说明他的行为对大家有什么影响，以及大家希望他做何改善。

我觉得不太可能。没人想谈这件事，更别说和维克挑明了。我曾经和安妮塔说过，要不让他加入戒酒者互助会吧，但她不想"让别人不开心"，也不希望家丑外扬。我岳母也觉得丢脸，但她忍了整整32年。她在经济上依赖我岳父，我猜她在心理上也很依赖他。我的小舅子住在另一个州，所以无能为力。那我该怎么办呢？我的意思是，他不是那种喝了酒会打人的类型，但他这样真的很不好，每次本该让大家开开心心的假期家庭聚会都被他毁了。我到底有没有改变现状的权利，还是说只能假装一切都好？

格雷格至少是家里唯一在尝试解决问题的人，但这也使他陷入了十分被动的境地。毕竟整个家都在"保护"维克，并试图最小化他的酗酒问题，而一旦格雷格戳破真相，他便会被其他人视为敌人。我问格雷格，如果他决定和维克明说，安妮塔会不会选择和父亲站在同一阵线？他回答说他不知道，也不知道自己到底敢不敢冒明说的风险。接着，事情出现了转机。

在接下来一周的咨询中，我发现格雷格的态度有所变化，他这次坚定地说，他绝对不会再容忍这样畸形的家庭氛围了。

前几天晚上发生了一件事，快把我俩吓死了。我们的儿子迈克尔刚一岁。那天我们在岳父母家吃晚饭，维克又像往常一样喝酒喝到停不下来，站都站不稳。晚饭过后，我们就去休息室看电视，维克开始和迈克尔玩。说句公道话，在清醒的时候，他还真是个不错的外公，只是这样的时刻越来越少了。那天晚上他和迈克尔玩的时候太粗暴，让他撞到了咖啡桌上，嘴唇破了。我当时勃然大怒，安妮塔脸色煞白。我们帮迈克尔的嘴唇止血后就立刻离开了。回家的路上我俩一句话没说。迈克尔睡着后，我对安妮塔说，现在立刻马上要解决这件事！我拒绝继续陪她家人一起疯。安妮塔听后点点头，可爱的脸蛋上满是愁容，但她还是握着我的手表示同意。我们只是不知道要怎样做才能不伤害任何人，不对这个家造成不可挽回的影响。

期望会变好，却毫无起色

安妮塔和格雷格结成的新联盟对两人的感情而言是一个好兆头。如果不是孩子差点儿出事，安妮塔可能都不愿意正视父亲带来的危险，也不愿意承认父亲已经对家族造成了多年的伤害。

当格雷格把安妮塔带来咨询的时候,情况便明了了。多年来,安妮塔一直扮演着父亲的忏悔聆听者和保护者的角色,即便父亲令人尴尬的行为已经严重到她好几次都不敢邀请朋友参加家庭聚会的地步。和达娜一样,安妮塔一直一厢情愿地以为事情会有转机。

> 我总是奢望有一天他会认识到自己的问题,接受治疗或者加入戒酒者互助会,这样他就不会整天烂醉如泥了。到那时,他就会变回我熟知的那个大脑还没被酒精毒害的父亲,那个曾经是我好朋友的父亲。

对父亲能奇迹般变好的希望让安妮塔十分被动,使她只能看着父亲走向自我毁灭。多年来,安妮塔一直不愿意就这些问题与父亲正面交锋,但至少她知道她得保护好自己的儿子。

在达娜和安妮塔的案例中都出现了严重的角色错位。她们身为女儿,却变成了解决问题、保护和解救父母的人,而这些本来应该是父母的职责。同时,她们的惹事型父母推卸了作为父母的责任,还操控孩子,使其成为自己的救赎者。

维克的行为很有可能永远无法改变,但安妮塔和格雷格会学会如何避免被他的酒瘾伤害。经过我们的共同努力,他们会知道该说什么话、采取什么必要策略,才能向维克明示自己的底线在哪里。当然,维克应该不会心甘情愿答应他们的要求,但是他肆意妄为的时间已经够久了。这个过程会很艰难,但格雷格和安妮塔都知道,他们别无选择。

金钱黑洞

在会给子女婚姻带去巨大压力的惹事型伴侣父母中,酗酒只是一个类型而已。有些父母花钱大手大脚，毫无责任心，还一而再再而三地指望子女及其伴侣为他们解难纾困，导致子女和伴侣之间出现了巨大的矛盾。

史蒂夫40岁，是一名股票经纪人，头发微秃，看起来文质彬彬。他找我咨询的原因是，他岳父母就像无底洞一样，永远在向他们夫妻俩伸手要钱。

> 我妻子安德烈娅的父母总有很多他们认为能让自己一夜暴富的计划。从结婚后开始，我们就不断砸钱，从一个又一个愚蠢的计划中拯救他俩。我不知道他俩怎么想的。他俩没有存款，因为我岳父斯坦不听我的建议，非要搞日内交易，今天赚了，明天又赔了。他喜欢搞那种看起来复杂又有风险的交易，但要我说，其实就是单纯的赌博罢了。他觉得自己太聪明了，不应该像我们这些普通人一样工作。好不容易有几次投资赚钱了，他转眼又把钱砸进下一次投资。我岳母露易丝在保险公司上班，斯坦也会动用她的工资。他知道最好不要直接找我要钱，所以他的做法是每隔几个月就急急忙忙让露易丝打电话给我妻子——说什么按揭支票被退回了，车马上就要被收回了，或者怎么大难临头了。
>
> 结果安德烈娅总是见怪不怪的样子，表现得好像她才是家长一样，说"我们不能见死不救"。不管我说什么，她还是会写支票，完全没得商量。

史蒂夫和安德烈娅承担起了父母的角色，他们的岳父母倒变成了他们的孩子。正如本章中其他惹事型父母的子女一样，他们不得不拯救麻烦精父母，接受角色错位，而这些做法只是权宜之计，根本无法让这种父母终止他们有害的行为。

帮助和解救的区别

如果你和史蒂夫一样,认为安德烈娅所谓的"帮助"其实是对他们的"解救",那么,我们需要对二者进行区分。当然,如果父母或伴侣的父母在生活中遇到困难,子女伸出援手是义不容辞的。疾病、离婚、失业、经济困难都是生活中可能出现的难题。有时,你的金钱援助或精神支持能很好地帮你爱的人重新站起来。

但前提是,你伴侣的父母一定是有责任心、有良心的人。如果他们总是因为冲动或计划不周地挥霍钱财、赌博或不计后果地投资而陷入财务困境,经常向你求助,那就是另一回事了。挥霍无度的伴侣父母不仅会要求你和伴侣解救他们,而且不会给你其他选项。想象一下,你的伴侣不忍心撒手不管,加上他/她的父母不断求助,告诉你如果不帮忙他们会陷入怎样悲惨的处境。在这样的压力之下,你很难狠心拒绝。不过对史蒂夫来说,拒绝倒是没那么艰难了。

> 我们的存款也快被榨干了。不能再这样下去了。我不会再让斯坦像花光他自己的钱那样花光我们的了。安德烈娅昨晚和我说他们连2500美元的按揭都交不起了。好,那就这样啊,如果他们还不起房贷,那就让房子被收回呗。我已经不知道该和我妻子说什么了,我真的不想再听到她说"他们是我爸妈,我们不能见死不救"了。

我知道事情演变成今天这个局面,史蒂夫不仅生岳父母的气,也责怪自己。他的岳父母虽不像前文提到的案例那样刻薄难缠,但他们无法打理好自己生活的事实对史蒂夫的婚姻同样造成了严重的打击。我也知道史蒂夫所谓的"狠心拒绝"可能只是嘴上说说。我决定先教他一个有用的权宜之计,之后再思考如何从根本上解决这一问题。

直接说"不"

我问史蒂夫他能否将"antidisestablishmentarianism"这个词重复一遍，他一瞬间以为我在开玩笑。

"按我说的做，等会儿你就知道是什么意思了。"我说。

他重复完以后，还是一脸疑惑地看着我。我说："史蒂夫，你刚刚轻松地把英语中最长的词说出来了，那为什么说不出最短的那个呢？"

他沉默了一会，还是很疑惑。过了一会儿，他说："哦，我懂了，你说的是'不'吧？但其实说'不'并不容易。刚才那个长词不带有感情色彩，但现在看来这个'不'带着强烈的情绪，更别说我会自责而且所有人都会生我的气了，特别是安德烈娅。"

我告诉史蒂夫，我需要他回答几个尖锐的问题。

我：你的帮助改变了任何事吗？

史蒂夫：没有。

我：安德烈娅的父母有没有承担任何责任，比如就债务做些咨询？

史蒂夫：不可能。

我：你给他们的钱还有剩吗？

史蒂夫：你开什么玩笑？

我：好吧，这也算在说"不"了。那么把钱填进这个无底洞，除了纵容你岳父疯狂的行为，让其他人深受其害以外，有没有什么积极的成果？

史蒂夫：什么也没有。

我：如果你明天给他们100万美元，你觉得他们多久后会恢复到处借钱的状态？

史蒂夫：可能三个月左右吧，最多四个月。

我：最后一个问题，你是银行吗？

史蒂夫：但斯坦觉得我是……

说到这里，史蒂夫扶着额头，长长地叹了一口气，接着抬起头对我说："我不能让安德烈娅的父母毁了我们的未来。我们甚至推迟要小孩了……天哪，我感觉我就是个傻子！好了，我现在做好准备解决问题了。"

史蒂夫意识到，没完没了地给两个麻烦多多且只关心自己的成年人砸钱根本没有意义。他的岳父母完全拥有照顾自己的能力——就算没有，也可以学，只要安德烈娅愿意放手，而不是一再纵容他们把自己拖进麻烦里。我建议史蒂夫，他要做的第一件事就是尽快坐下来和安德烈娅好好谈谈，让生活回归理智和正常。

性骚扰者

这种类型的父母会对子女的伴侣、其他亲戚甚至有时包括子女过分热情，言行暧昧。这类行为却总能找到些可笑的说法来做挡箭牌，如"爸爸风流惯了""妈妈就是喜欢年轻小伙子""这是男人的本性罢了"。这些合理化不当言行的说法的目的，就是用插科打诨来弱化此类行为的严重性。但不管一些人如何努力调侃这些性骚扰行为，这些行为都不好笑，不可爱，和魅力无关，不具备趣味性，当然也是完全不可接受的。但如果所有人都对这些行为的严重性视而不见，且假装什么事都没有发生，那么便不会有人质疑现状，也不会有人失望——当然，除了被骚扰者本人。

金姆是一名25岁的音像店经理。她找我咨询的原因是，她再也不敢和公公独处了。

> 我的公公菲尔一直都有点儿太"喜欢"我了。和他在一起时我真的很难受。有好几次，我和丈夫晚上去公婆家做完客准备走的时候，他会紧紧地拥抱我，还喜欢贴着我站。我发誓我说的都是真的，他有一天还勃起了。那时候我还犹豫要不要把事情说出来，但最近事情已经失控了。前几天晚上，我们邀请我公婆来吃晚餐，饭后他自告奋勇收拾盘子，随后走进厨房，因为我在厨房里。他把盘子放进洗碗池后，一把抓住我强吻了起来。他几乎把舌头伸到我的喉咙里了。他喘着粗气，说什么第一眼见到我的时候就特别想这样做。太恶心了！他是才50岁，长得不错，但是老天啊，他是我的公公！这不是乱伦吗！

我告诉金姆，我理解她肯定对此十分震惊，我问她是否说了或做了什么来反击。

> 我感到震惊又恶心，紧张到不行，开始机械地把盘子放进洗碗机里。我公公却像个没事人一样回去找其他人了。

菲尔百分百要对他的不当行为负责，金姆则没有任何过错。但一开始菲尔拥抱金姆的方式让她感到不适时，金姆没有采取行动，也没有意识到这反而默许了菲尔一再试探她的底线。我告诉金姆，我们对不可接受的行为没有反抗，相当于告诉恶人我们的防线很脆弱，恶人就会以为没有什么能够阻挡他们进一步的骚扰。

但是要反抗，也绝对不能只有金姆孤军奋战。当我让金姆把事情告诉丈夫埃里克时，她眼中闪着怒火。

呵，我已经和他说过了，他说他不知道怎么办。他告诉他妈妈了，她也说不知道怎么办。所以我该怎么办呢？原来他爸爸一直都有骚扰女性亲戚的恶习，这类破事在之前也发生过。最可怕的是，没人愿意当面跟菲尔谈这个。比起担心我，埃里克更担心如果跟他恶心的爸爸挑明了，会不会让他尴尬，影响他们父子的感情。我实在不敢相信，对他来说，他那混账爸爸的情绪竟然比我的还重要。我觉得我被冒犯、被背叛了，没有人帮我。我爱我的丈夫，或者说在他变得这样软弱之前我是爱他的。但我一点儿也不想要这样的家庭。

一段原本幸福的婚姻因为伴侣父母肆无忌惮、无人约束的行为，眼看就危在旦夕。而被骚扰的金姆只能独自伤心和愤怒，因为伴侣根本不愿意和自己一同反抗。埃里克因为害怕让父亲难堪，担心背负造成家庭不和的骂名，此时忍气吞声，缩手缩脚。

让家再次安全起来

这类骚扰行为一旦发生，就应该被及时、严肃地制止，否则很有可能愈演愈烈，像金姆那样达到侵犯人身安全的地步。无论你的伴侣是否愿意和你一起采取积极的措施，只有你自己先做出行动阻止这类行为，像埃里克家这样的家庭环境才可能变得安全。只有采取行动，你才不会继续像提防陌生人那样提防来自伴侣父母的口头或身体上的骚扰。

菲尔一直以为所有人都会继续对他的行为视而不见。当金姆带着埃里克一起接受咨询后，他会等来意料之外的惊讶。

当你伴侣的父母虐待你的伴侣时

当我们逐步发现有毒的伴侣父母最不堪的阴暗面,我们接下来将一窥子女曾经受到严重虐待的家庭表面下涌动的暗流。有些人的伴侣儿时可能受过心理或身体上的虐待,甚至被性侵。和本章中一些依赖子女或能力欠缺的父母不一样,某些虐待型父母在外人看来十分正常。有些人遇到麻烦会向你求助,虐待型父母可能完全不需要帮助或拯救,但他们过去的行为无疑证明了在他们"正常"的表象下藏着畸形的情感障碍。所以,即便他们不常惹出麻烦,你的伴侣却无法从心理上摆脱他们造成的伤害,而这同样会影响你们的生活。这类伴侣父母的攻击对象不是你,而是他们的孩子——你的伴侣。

当你变成缓冲带

梅尔31岁,身材不高,是一家货运公司的调度员。他找到我的原因是,他不想再夹在妻子詹娜和岳父母中间了。第一次见面时,他解释道:

> 詹娜让我屏蔽她父母的电话。他们一直对詹娜都很严厉,总是羞辱她。她小时候她爸爸会揍她,还会把她锁在衣柜里几个小时。她那时才6岁,天啊!怎么会有人这样对一个小女孩?她那位了不起的母亲则会把夫妻间的矛盾和对彼此的怒气都撒在孩子头上。她父母过去经常闹矛盾,我敢保证现在也是。开始和詹娜谈恋爱的时候,我就知道她父母会是个大麻烦,但那时候詹娜看起来很坚强——就像已经挺过来了一样,所以那时候我以为她能照顾好自己。

梅尔错误地认为一切都过去了，詹娜已经从创伤中重生。但梅尔在和她结婚、共同生活并不得不经常和岳父母打交道后，才发现詹娜多年来的坚强不过是被迫伪装出来的，为的是能在外做个正常人。在内心深处，她仍然是当初那个担惊受怕的小女孩。

如果你的伴侣采取了必要措施来治愈自己并争取独立（不幸的是，詹娜没能做到），那么你和你伴侣父母的关系几乎不太可能对你的生活造成严重的影响。但如果情况相反，你可能会被无端卷入二者的纠纷中，却完全不知道要如何面对曾经深深伤害过你伴侣的人。而让你更困惑的是，一旦你尝试保护你的伴侣，他/她反而开始踌躇不前。

> 她爸妈给她打完电话以后，她总是很不开心。我不知道他们为什么还要打电话，他们对她真的很不好。后来，她不想和他们通话了，所以我就只能撒谎说她不在，或者说之后会让她回电。但其实她很少回电。这又会让他们怪我，觉得是我试图离间他们和詹娜。她真的很怕她爸妈，这让我很难受。我想直接和她爸妈说，去找点儿别的事干吧，别来烦我们了，但她就是不同意。她答应我只要她变得再坚强一些，她就不会拿我当缓冲带了。你相信吗，她还抱有某天她终于能和她爸妈和谐相处的幻想？我不希望接下来20年还要处理这些麻烦事。我不理解为什么我妻子就是不能对她爸妈说出对他们的真实感受，或者直接跟他们撕破脸。

詹娜仍然想和过去、现在都深深伤害她的人维持关系的情况的确让梅尔十分困惑。在他看来，问题的解决办法很清楚：詹娜应该告诉父母不要再贬低她、打电话羞辱她，不然她从此要跟他们断绝来往。

但是梅尔需要对童年时期经历过虐待的成年人多些了解，他的困惑和不耐烦才能变成智慧与同理心。

虐待的遗留问题

阅读至此，你会发现，如果你的伴侣与其父母存在未解决的严重矛盾，尚不能从心理上脱离他们而独立，那么这一现状便会成为酝酿一切姻亲问题的温床。这会让你伴侣的父母在你们的生活中产生严重的不良影响，而且对脱离父母的束缚、自信地长大成人这一过程而言，童年受虐的经历是最大的阻挠因素。

受虐经历极度打击一个人的自尊心。它会重挫一个人的自信，让人开始自我怀疑和自我厌恶。有受虐经历的人对自身或自己的能力缺乏自信，认为自己没有资格获得真爱或美好的事物，但他们还是放不下虐待他们的人，因为在内心深处，他们还是认为自己是一个毫无价值的坏孩子。他们真心实意地认为只有得到父母的爱，生活才能继续。这听起来可能不可理喻，但的确是他们内心所想。

梅尔想知道詹娜最终能否摆脱童年阴影。我让他放心，因为事情还有转圜的余地。童年受虐待的经历的确会带来长远伤害，也有十分消极的观点认为受虐者永远无法摆脱其阴影，但这种观点并不正确。

在给童年遭受虐待的成年人提供了20多年的专业服务后，我有信心明确地告诉梅尔，我们可以通过努力，大幅度减小这种伤害的影响。詹娜只要真心想摆脱父母的伤害，便能重建大部分自尊，这对她的婚姻也大有裨益。当然，问题并不容易解决，但只要詹娜主动参与，梅尔积极配合，他们总能学会如何采取明智、有效的措施应对詹娜的父母。

畸形的磁石

本章的案例告诉我们，不论你伴侣父母的问题是什么，他们的成瘾、虐待问题越严重或处理自己生活和应对外界的能力越低，他们已成年的子女摆脱其控制的可能性就越低。如果你的伴侣也有类似的问题，多年来，经过"我必须拯救父母"的观念，以及支持、关心与鼓励不能自理、不负责任的父母的习惯的自我催眠，你的伴侣会认为自己有义务不惜一切代价将父母救出苦海。随后，他们会自我暗示，总有一天自己的良苦用心会得到回报：父母最终会给他们他们无比渴望得到的爱与认可。

你的伴侣想要拯救父母的急切愿望并不是有意识的选择。他/她多年来生活在重重困难中，靠满足父母的需求而活。他们没有别的活法，所以拯救父母这件事已经深深根植于他们的内心，形成了条件反射。

施压是无效的

你难免会埋怨将你拖进这趟浑水的伴侣。你知道，如果你和伴侣是在路上或其他社交场合遇到有类似问题的陌生人的，你们几乎会马上逃离，并尽可能和他们保持距离。通过这种旁观者清的视角，你会清楚你伴侣的父母正在利用他/她，而且这条路你看不到尽头。

虽然向你的伴侣施压，让他/她切断与这种父母的联系确实是个诱人的权宜之计，但这样其实解决不了任何问题，只会让你的伴侣越发觉得自己别无选择且一无是处。本书的第二部分会提到，支持并鼓励你的伴侣在此地此刻做出行动，与父母谈判并达成一致，是更为有效的处理方法。到了这时，且只有这样做，你的伴侣才有机会做出新的选择，从而让你和你们的婚姻重新成为生活的重心。

第六章 拒绝型

接下来我们要了解的伴侣父母是"毒性最强"的一类。他们对你完全封闭内心，而且如果有可能，也绝不允许你有机会进入他们的生活。他们是拒绝者——拒绝接受你的存在——因为你不符合他们的期待（他们完全不在乎你的伴侣有多需要你）。他们会抓住一切机会，明确地昭告你和伴侣他们有多不欢迎你，而且采取的方式通常是冷酷无情的。

拒绝型伴侣父母会想尽办法排除你的存在，引诱你放弃这段被他们搅得乌烟瘴气的婚姻。为了强调他们不想和你有任何干系，他们很有可能会欢迎你的伴侣进入他们的生活而偏偏忽略你，有时候甚至不会接纳你们的孩子。在最极端的情况下，他们还会收回父母之爱，放弃你的伴侣，把你们双双逐出家族。对他们而言，子女如果不能对他们百依百顺，那么不如没生过这个人。

他们给出的拒绝你的理由数不胜数、五花八门，而且通常和真正讨厌你的原因没有多少关系。他们会说，他们不喜欢你的原因是无法接受你的家庭背景、社会经济地位、宗教信仰、种族，或是像我的一名客户霍莉的情况——外表。

早期预警

霍莉今年34岁，在一家大型抵押贷款公司做业务员。她有一张漂亮的脸蛋和一头蓬松的红褐色卷发，但客观地说，她很胖。她和做保险理赔员的丈夫普雷斯顿结婚两年了。来找我咨询的时候，她表示她并不确定还能不能坚持到第三年。他们婚姻主要的问题在于霍莉的公婆对她的恶劣行为，而且这早在两人结婚前就开始了。

普雷斯顿是我唯一交往过的男友。我们高中就在一起了，上大学以后开始认真考虑未来。他开始在我的公寓过夜。从那时起，他父母就开始针对我了。自从觉得我会拆散他们这个关系紧密的家庭以后，他们就开始对我有意见了。他在我家的时候，他妈妈会打电话找他。如果是我接的，她除了"让普雷斯顿接电话"以外，一句话也不会对我说，好像我不存在一样。后面事情更严重了。普雷斯顿瞒着父母辍学去做全职工作。他父母发现以后勃然大怒，说他们儿子没读完大学都是我的错。其实那个时候，有很多预警信号告诉我以后的日子会很艰难，但那时我坚信我能搞定。我坚信，如果他们知道我俩是认真的，如果他们了解我，事情就会变好的。看吧，我那时多么天真啊！

时间不是万灵药

还记得"他们一旦了解我，就会喜欢我"的幻想吗？我们都希望自己对伴侣的爱能感化他们最铁石心肠的父母，而霍莉和很多被未来公婆拒绝的人一样，坚信普雷斯顿的父母看到他们有多在乎彼此，认识到她是一个可爱的好人以后就会有所改变。但大多数拒绝型伴侣父母一旦没来由地讨厌子女的伴侣，便不会被轻易感动。事实上，普雷斯顿的父母越明白儿子与儿媳之间的爱有多深，越知道无法让儿子离开霍莉，他们对霍莉的打击就越狠。

普雷斯顿向他们宣布我们的婚讯后,他们说,他们是不会来参加婚礼的。普雷斯顿说无论如何他都要娶我,于是他俩最终还是来了。但我的婆婆做了一件让我一直耿耿于怀的事情。我们在说誓词的时候,其他人都站起来了,就她坐着。这是她表示抗议的方法。这一切发生的时候,我的公公就在后面一声不吭,听她指挥。

他们痛击你最大的弱点

有些伴侣父母可能会对子女的选择感到失望,于是试图改变子女的想法。一旦举行婚礼,他们的态度可能会稍稍缓和,不得不接受不可避免的现实,甚至努力变得更友好些。他们可能并不会对你们的婚姻满意,但还是会和你们的新家庭维系着情感纽带,虽然这种所谓的纽带会被批评或试图控制你们关系的居心破坏。但普雷斯顿的父母属于最为顽固不化的那一类拒绝者,没有表现出一丝的态度缓和或妥协接纳。儿子婚后,他们改变了策略,像激光一样精准打击霍莉最大的弱点。

她主要对我的体重有意见。我的确体重超标,但是我已经在尝试减肥了,何况我也不需要听我婆婆朱迪这样的挖苦——"你该减肥了"还有"你怎么能允许自己这么胖"。只要一有机会,她就要告诉我又有谁准备娶一个"美丽又苗条的姑娘"了。她每次见我,都要上下打量我,好像我是显微镜下供她观察的标本一样。我总是不知道该穿什么,每次准备去见他们的时候都要换五次衣服。为什么她总想打击我呢?

霍莉是婆婆最残忍的拒绝的第一受害者,但普雷斯顿也未能幸免。

有毒的伴侣父母一般也会是有毒的父母，普雷斯顿接下来的叙述就能轻易证明这一点。

> 我妈也喜欢攻击我。我和霍莉工作都很努力，但似乎总是存不下什么钱，不像我爸，经商赚了很多。我和他们说我在考虑重返校园，完成学业，拿到学位。我妈就说："你这个年纪就别回去读书了，你早就错过机会了。"

危机时刻

霍莉婆婆朱迪的行为让夫妻俩的婚姻关系十分紧张。两人时常争吵，关系剑拔弩张，心怀怨恨。普雷斯顿虽然知道自己的母亲对妻子不好，但没有给霍莉足够的安全感，而霍莉也不知道要如何向丈夫要求这种安全感。光是应对父母对自己的批评，同时又要维持家里微弱的和平，可能便耗尽了普雷斯顿的全部力量。

接着，婚后一年，不知为何，普雷斯顿找到了应对自己内心挣扎的新方法，只不过这个方法不仅印证了霍莉公婆对她的厌恶，还更深地伤害了她。

> 普雷斯顿跟一个女同事有了外遇。虽然时间不长，但他最后告诉我的时候，我的心都碎了。当然，这也让我对我外表的不安感变强了几千倍。我们想好好过，所以来找你咨询。他知道我还是很生气，我也真的很伤心，但是他开始学着面对问题了。我知道，他希望挽救我们的婚姻。

我问普雷斯顿，他是否真的想解决问题，他回答得十分坚定："是的。"

我要求他们在接下来的一周分别列一份清单，列出自己为了挽救婚姻能做的最重要的三件事。

等到下一次咨询时，霍莉告诉我，他们认为重要的事情之一就是搬到城市的另一端，这样他们家离两人的工作地点都近，还离普雷斯顿的父母家更远了。

霍莉告诉我的第二件重要的事便是改变自己的做法。

我一直都太过腼腆和懦弱了。但我知道为了解决婚姻问题，我必须有所改变。朱迪刚寄了复活节卡片过来，上面写着"只给我的儿子"。于是，我鼓起所有勇气，决定和她摊牌。我打电话给她，但被她挂了。现在她终于意识到我再也不会忍气吞声了，还对普雷斯顿抱怨，说我太强势了！

对此，普雷斯顿回应："随她抱怨去吧 —— 这是她人生最大的乐子了。"

而普雷斯顿的清单则体现出他是真心想要巩固婚姻关系。他写道：

1. 同意经常接受咨询
2. 重新做到对妻子一心一意
3. 就外遇对妻子造成的影响承担全部责任

以及，同样很重要的一点：

4. 不再为父母的言行辩护

他也改变了把情绪憋在心里最后突然爆发的坏习惯，并采取积极行动，同意搬家。

普雷斯顿的外遇对霍莉造成的创伤还需要时间慢慢冲淡，但我相信这次事件敲醒了普雷斯顿，让他不得不从方方面面审视自己的婚姻关系以及父母给他的婚姻造成的影响，毕竟他差一点儿就要失去妻子了。

普雷斯顿和霍莉积极参与心理咨询，并且表现得不错。霍莉经常参加一个全国性减肥组织的活动，已经减掉了十几千克。在最近的咨询中，霍莉的一些心酸的话表明了伴侣父母的拒绝会对一个人造成多深的伤害。

虽然我和普雷斯顿感情好多了，但有时候我还是有一种被辜负的感觉。我两个姐妹的公婆都很好。有时候我还是忍不住想："为什么我在他们眼里不够好呢？我不过是爱他们的儿子罢了。"

我对她说："霍莉，你不应该这样想，你应该问，为什么他们不够好，看不到其实我是一个很棒的人呢？"

种族问题

菲莉西娅的父母拒绝她伴侣的主要原因也是外表，但与霍莉婆婆的原因完全不同。菲莉西娅32岁，很漂亮，是一家广告公司的客户经理。她和公司的副总裁莱斯谈起了恋爱，直到两个人都无法自拔。这听起来是个美丽的故事吧？但只有一个问题，而且还是影响二人未来的主要障碍：菲莉西娅是白人，而莱斯是非裔。

莱斯对我说：

菲莉西娅带我回她家见父母的第一次几乎就变成了最后一次。她爸爸看了我一眼，就说："我不知道你是谁，但我知道你想要什么，所以我就跟你说清楚了，这个家不欢迎你。你想娶我女儿？想都不要想，没门儿。"于是菲莉西娅和他吵了起来，但是我不想让事情这样下去，于是握着她的手说："我们走吧。"我们就离开了。

某些伴侣父母不关心你为人的任何方面，却会抓住你无法改变的本质——种族不放，而这是最为恶劣的拒绝。他们只是看你一眼，都会产生强烈的、深入骨髓的消极情绪。如果你也遇到了这类问题，那么无疑，你之前也应对过这类敌意，但如果这份厌恶来自你爱人的家人，那么这无疑令人痛上加痛。

菲莉西娅的父亲钱德勒第一次见到莱斯时如果能这样对女儿说就好了："我对你的选择一点儿也不满意，装不出来开心的样子。我觉得我跟你们可能要磨合很长时间。但我也看到了莱斯很爱你，而爱是弥足珍贵的。我可能只能慢慢适应吧，所以对我耐心点儿。毕竟我还是希望你俩都好。"

我告诉莱斯，我明白没能从菲莉西娅的父母口中听到类似的话，也没有机会向她父母展示自己是怎样的人，更别说融化她父母冰冷的心，让他感到多么痛苦。

这样的美梦自然也是菲莉西娅所盼望的，因为她从未见过父亲这样的一面。

我爸爸也有黑人朋友。从小到大，他就教育我要像尊重其他人一样尊重他们。可能涉及未来女婿就是另一码事吧。所以我不知道该说什么。我很窘迫，也很生气。我妈妈也很窘迫。我很害怕我和莱斯会因为这件事分手，但他真的很好。那天我们回家的时候，他说能把我教得这么好的男人不会坏到哪里去。接着,我们就假装一切都会过去,但一切其实越来越糟。我爸爸没完没了。他会给我打电话,用最难听的话诋毁莱斯。有几次我直接把电话挂了,并因此感到很难受。很多次我都怀疑我能不能处理好这件事。我只是想摆脱所有这些压力和争吵。但我爸爸越是要我离开莱斯,我就越坚定地要和他在一起。

我劝菲莉西娅和莱斯好好在一起,不论菲莉西娅的父母,尤其是她父亲做什么。我已经见过好几对跨种族的伴侣最终因为父母的拒绝带来的痛苦与伤心而崩溃了。

跨种族的恋爱和婚姻本质就十分复杂。这类关系会迫使人们面对他们内心深处常常压抑着的关于差异和成见的情绪——你在朋友和其他亲戚脸上也时常会看到这些情绪。无可否认的是,对比以前,我们已经对跨种族和信仰的通婚更包容了,但残酷的事实是,种族和宗教差异仍然是很多人的敏感问题,特别是涉及子女对另一半的选择时。种族问题也正是莱斯未来岳父母的敏感点所在。

拒绝至死

本书开篇我提到,有毒的伴侣父母的类型并不是泾渭分明的,许多人的行为符合不止一种类型的描述。第四章提到了诺姆如何尝试控制女儿谢莉的生活。而经历一番可怕的命运转折后,他变成了最为恶毒的拒绝者——选择金钱作为他的武器。

戴维和谢莉第一次向我咨询大概两个月后,诺姆在俱乐部打网球时死于心脏病发。他去世后,谢莉终于打破幻想,明白了她父亲为了拒绝戴维并惩罚嫁给戴维的自己，究竟能做到什么地步。谢莉声泪俱下地对我说：

> 他从来没有爱过我！一个人是不会对自己爱的人做这种事的！他把所有遗产都给了我妈妈和我两个兄弟，还在遗嘱里加了一条，明确说一分钱也不给我，连他唯一的外孙都不给。我不在乎钱——当然，如果有更好，没有的话，我们自己也不缺。

我告诉谢莉，诺姆至死也不肯罢休的目的有两个：用财产当棍棒来惩罚离他而去嫁给戴维的谢莉，并确保他憎恨的死敌拿不到他的一分财产。

谢莉静静地听着。过了一会儿，她对戴维说："亲爱的，对不起，因为我不敢面对我父亲是一个这么糟糕的人，你才受了这么多苦。"

诺姆从来没有接受过戴维，而且很有可能不会接受女儿选择的任何人。女儿对他而言是珍贵的个人所有物，他因此痛恨夺走她的男人。这不仅反映出诺姆的控制欲，还体现了他拒人千里之外的无情。

隐藏的意图

诺姆对戴维的抗拒其实有更深层次的原因。这一点在戴维向我讲述诺姆的往事时尤为明显。

> 我们婚后，谢莉向我说了实话，说她爸爸知道她在跟我交往以后，到她的公寓里教育她，一直讲到凌晨4点，不断强调嫁给我绝对是个可怕的错误。首先，因为我是个犹太人，其次，因为我这辈

子都不会有什么本事。他说："放弃他吧，你可以找到更好的。你有份好工作，而且想要什么找我要就行了。跟这种没有上进心的人在一起，你以后只能住在这种破地方，照顾一堆尖叫的孩子。"然后他拿出钱包，给了谢莉500美元，就为了告诉她谁才能给她体面的生活。谢莉对此很羞愧，也不敢告诉我这件事，担心我接受不了这样的婚姻。我告诉谢莉，她能做到这份上已经是个奇迹了。我第一次见到诺姆的时候，以为他不过是个典型的保护欲过强的父亲，但现在我才意识到这个男人有多病态，他真心想成为谢莉生活中唯一的男人。

戴维一语中的。诺姆抓住一切机会向女儿证明她的丈夫不如自己：不够富裕，不够有抱负，自然低他一等。诺姆与女儿过于亲近，以至于模糊了两个人之间的界线和角色定位。他嫉妒所有可能降低他在女儿心中地位的男人，因此要和可能取代他位置的男人竞争，贬低他们。但他的角色和位置到底是什么？他到底是谢莉的父亲，还是谢莉喜欢的人的竞争对手？

诺姆的角色定位十分模糊，但有一点很明显，他会对谢莉威逼利诱，让她失去判断力。谢莉痛心地向戴维和我透露，她父亲对她的态度一直超过了父女的界线。说到底，她感到最痛苦的是要向自己承认这一点。

我才开始意识到我爸爸根本不在乎我的需求和感受，他只关心自己，即便我把梅尔·吉布森带回家也没有什么区别。重点不是没有人配得上我，而是他觉得唯一一个配得上我的人就是他自己。幸好，他没有做过出格的事，不像我的一些女性朋友遭受的那样。但他总是拿性开玩笑，而且我开始和男生约会后，他会对所有细节追问个不停。我真的敬爱他，但是我和他在一起时总是感到不舒服。

虽然诺姆没有直接用行动表达对女儿畸形的感情，但他营造的氛围不外乎是一种心理乱伦。虽然诺姆的行为没有触犯法律，但他在用强有力的方式不许谢莉远离自己，而谢莉现在才明白父亲的意图。在这种情况下，诺姆自然会拒绝任何可能威胁他地位的男人。

残忍的最后一击

诺姆知道把谢莉从遗嘱中剔除很残忍。但在他看来，他的做法合情合理，因为他心爱的女儿不仅不顾他的反对嫁给了戴维，还背叛了他。对他而言，惩罚和拒绝是此时最合适的反击。在诺姆扭曲的世界观中，女儿和女婿是反派角色，而自己是受害者。但是他会反击——他也做到了。

诺姆的想法既矛盾又充满讽刺意味。他认为他的最后一击会给女儿女婿的生活带去更多的痛苦和困难，但谢莉对此的反应并不会遂他的愿，因为最终被排斥的人是诺姆，而谢莉夫妻会继续自己的生活。我认为诺姆不会安息，但是谢莉和戴维会得到内心的平和。

孩子的力量

有时候，铁了心拒绝你的伴侣父母会出现惊人的转变，特别是在孩子出生后。

菲莉西娅和莱斯的第一个孩子是一个漂亮的男孩。孩子出生时，莱斯的岳父钱德勒不愿去医院看外孙，但夫妻俩获得了意料之外的支持——菲莉西娅的母亲娜奥米终于愿意让步了。

> 我都不敢相信我的岳母会这样。她来医院之前给我打了电话，那时激动得差点儿说不出话来。她说她在等我岳父换衣服，一起过来看孩子。然后她把她是怎么反驳我岳父，说他的所作所为像个傻子的原话一字不差地告诉了我。她对我岳父说："你现在有了外孙，但你却是家里最大的巨婴。赶快停止你现在的所作所为，成熟点儿吧！这个男人对我们的女儿很好，他们是相爱的。我之前还跟你一起不接受他，现在真觉得羞愧，反正我不会再这样了。我10分钟后就出发去医院。你如果不想和我去，我就自己去。到时候你就自己待在家里思考一下你是怎么莫名其妙地让所有人都不好过的。你只是觉得他不是你理想中的女婿，就搅得大家都不得安宁。好，那我也告诉你一个好消息，你当初也不是我父母的理想型，当然我肯定也不是你父母梦想中美国小姐那样的标准儿媳！"接着，我岳母说，我岳父沉默地上楼换衣服去了。而让我很惊讶的是，他俩一起来看我们了。我岳父表现得不太自在，但他还是抱了抱孩子，说他很好看。至少，这是一个不错的开始。

冰释前嫌

莱斯的岳父母钱德勒和娜奥米能养育出心胸开阔、善良有爱的菲莉西娅，说明他们的内心深处还是有接纳莱斯的空间的，尽管这份接纳来得有点儿晚。不过，毕竟莱斯和他的岳父母有一个共同点——他们都爱菲莉西娅。

菲莉西娅带着孩子一回到家，娜奥米就尽心尽力地帮忙照顾孩子。她开始喜欢外祖母的身份，也开始和外孙变得亲密。一开始，钱德勒还有些嫉妒妻子能在女儿家待那么久，甚至闹了些别扭。后来妻子告诉他，女儿女婿也很欢迎他去，前提是他要约束好自己的行为。

菲莉西娅的新家庭和她的原生家庭不可能完全融洽地相处，但至少双方对待彼此的方式都很平静、文明。如今，莱斯夫妻俩轮流和两边的父母过节，曾经很深的矛盾也已消除了不少。

孩子也无法挽救的关系

菲莉西娅和莱斯的故事有了相对不错的结局，虽算不上美满，但至少很平和。这个结局是我们很多人深藏在心里不敢奢求，却经常拿出来寻求安慰的。不过，不是所有人都如此幸运。诺亚和艾伦发现，即便是新生儿也没办法让拒绝型伴侣父母回心转意，哪怕表现出一丝动摇。

艾伦是一名28岁的程序员，带着与前男友的6岁女儿嫁给了地区副检察官诺亚。

> 梅丽莎是我未婚生下的，这一直是诺亚父母的心结。诺亚带我去他家见父母的时候，他们挺友好的，但诺亚一提到梅丽莎，他们脸色就变了。"哦，你结过婚？"他爸爸问我。"没有，梅丽莎的爸爸和我没有结婚，"我一如既往地这么回答。这是事实，但我马上就意识到我说错话了。他爸爸回了一句："我们可不接受这样的行为。"之后就是尴尬而持久的沉默。自那以后，我在他们眼里几乎就成了一个荡妇。我和诺亚结婚以后，很清楚的一点是，我和梅丽莎无法融入他们的家庭活动，我们不受欢迎。梅丽莎是个乖巧、讨

人喜欢的好孩子，人见人爱，但她和其他孙辈提到她生父、一个摇滚乐队的吉他手时，诺亚的父母却觉得梅丽莎会带坏他们。提到生父只是让梅丽莎感到很兴奋，但诺亚父母满脑子都是性、毒品和混乱的生活。我亲眼见到诺亚的父亲把她从孩子堆里拽出来，让她一个人在房间里看视频。这太残忍了。

诺亚承认，他的父母斯坦和伊莉丝总是无法容忍与他们差异很大的生活方式。在他们眼里，艾伦品行不端，威胁到了他们良好的家族形象。艾伦和梅丽莎的存在似乎对他们和他们坚守的一切形成了挑战。他们似乎看不到艾伦在为一份耗神劳力的工作而努力奋斗，同时还尽心地履行着母亲的职责，养出了梅丽莎这样一个朝气蓬勃、乖巧懂事的孩子。艾伦无法扭转公婆对她的负面看法，因为她代表着和他们截然不同的生活。他们畏惧这种生活，担心艾伦的不良影响侵蚀自己的家庭。

与诺亚结婚的前两年间，艾伦愤怒过，伤心过，终于告诉诺亚她受不了了——随后却发现自己怀孕了。夫妻二人都认为，孩子即将出世的消息多少会让诺亚父母的态度有所缓和。

艾伦对我说：

> 我知道你已经见怪不怪了，但我接下来的遭遇你可能没见过。诺亚告诉他父母我怀孕以后，他父亲的第一反应就是让他给孩子做亲子鉴定，因为他没法确定孩子是不是诺亚的。没有祝福，也没有喜悦，只有一句难听的、侮辱人的话，暗示我可能对诺亚不忠。

我告诉艾伦，其他客户也告诉过我，他们的伴侣父母也说过类似伤人的话。我对她说，人在遇到这种程度的恶意时，一般都会以为世界上不会有人比自己更不幸了。斯坦和伊莉丝用尽一切办法让艾伦生活痛苦,无非就为了逼她忍无可忍,最终离开诺亚。接着,他们便能如愿除掉这个"害群之马",保持家风纯良。他们差点儿就成功了。即便是孙子的出生也无法阻挠他们破坏儿子的婚姻。

艾伦告诉我:"他们三年没有来看过我和我的孩子了。他们没有我们的照片,也不会给小孩送礼物。"

接着诺亚伤心地补充道:

> 我就是没法理解孩子都出生了,我父母还是这样对待艾伦。孩子也叫诺亚,跟我和他爷爷一样。他们怎么能这样对一个可爱的孩子呢?艾伦的父母很大方,但我的父母没有帮我们分担过一分钱的医药费,也没有送过艾伦任何礼物。他们对我失望,我可以接受,但我无法忍受他们伤害我的妻子和孩子们。我真的走投无路了。他们是我的父母,但我又不能任由事情这样下去。我真的不知道该如何是好。

我告诉诺亚夫妻俩,他们早该采取行动了。他们承受了数年的不公,却没有采取积极措施,有效应对。他们如果不针对现状做出根本性改变,就依然要面对长期的冲突、愤怒以及看到两个无辜的孩子得不到祖父母一星半点爱意的锥心之痛。

以断绝关系为武器:"你不再是这个家的人了"

拒绝型伴侣父母所有的威胁和惩罚伎俩中,杀伤力最强的可能是"如果你和他/她结婚,你就不再是这个家的人了。"听起来好像是无计可施时无奈的虚张声势,但他们永远能超越你的想象。许多父母真的只是因为厌恶儿媳/女婿，就忍心把自己的孩子踢开。

威胁要断绝关系或施加心理暴力，便是拒绝者的撒手锏。面对这样的最后通牒，你们需要超乎常人的勇气。断绝关系的威胁会催生人们对被抛弃的最原始的恐惧，也会唤醒我们对亲情联系的渴望。不论你伴侣的父母是否真的言出必行，这种手法都会让你的伴侣经历痛苦的矛盾和内疚，陷入亲情和爱情的两难境地。

汉克26岁，是个身材结实、长相讨喜的小伙子，正在读医学院第三年。他原本打算在进入医院实习期后再认真找对象，谁知遇见了在学院办公室工作、一头红发、活泼可爱的南希。汉克的父母意识到两人打算谈婚论嫁以后非常不高兴。

南希说：

> 汉克的父母有钱又有地位。他的父亲沃伦是一家大医院的胸科主任，他的母亲费伊是一名成功的室内设计师。他们是城里最高级的俱乐部的成员，还是交响乐团和歌剧院的董事会成员。他们家声望高，家境殷实，亲戚里有政商界的领军人物。这给我带来了巨大的压力，毕竟我出身于一贫如洗的爱尔兰裔家庭。第一次见他们的时候我很害怕，但我真的没想到他们会那么冷酷。在一番套路化的寒暄之后，沃伦问我有没有意识到，我和汉克谈恋爱这件事会严重影响他的学业。那一整晚我都觉得如履薄冰。我真的很想赶紧逃走。

虽然那晚汉克父母的态度中充满了预示着前途不妙的迹象，但南希还是把问题归咎于自己太紧张。她当时并不清楚汉克父母对汉克的选择有多么不满。

> 我们准备离开的时候，沃伦把汉克拉到一边，对他说了什么。

我听不清，但能从汉克的脸上看出来，那肯定不是什么好话。开车回我公寓的路上，汉克一直保持沉默。最后我实在忍不住问他，他父亲到底对他说了什么。他试着轻描淡写，但是毫无用处。"哦，没说什么，"他说，"我爸就用他那种不可一世的语气说：'那个女孩出身不行，教养也不够。我不敢相信你会选择她，你明明和其他更适合你的女孩谈过。'于是我就跟他说省省力气吧，我心意已决。他就说我如果娶了你，就别想当他的儿子了。但是别担心，他就是吓唬人，一有不顺他意的事情他就这样。"

但沃伦没有在吓唬人。汉克看似轻松，但其实根本不能肯定他的父亲不会这么做。他和南希结婚后，父母便和他断绝了关系，让他震惊不已。南希劝他和父母和好，但他父母的回应永远是"除非你离开她"。他父母再也没有给他打过电话，无视了他的生日，假期也不会邀请他来。汉克的妹妹大学毕业后，他也没有被邀请去参加庆祝派对。在汉克父母的生活中，他的存在被彻底抹去了。

如沃伦和费伊这样的拒绝者们认为，只要自己足够冷血和狠心，那么不被接受的儿媳/女婿便会受不了，继而黯然离开。他们以爱为武器，通过对子女的全然排斥来"关心"子女伴侣的幸福，承诺只要子女离开伴侣，一切都会恢复如初。

汉克父母将汉克置于"选她还是我们"的两难境地中。汉克虽然选择了南希，被家人如此排斥依然对他的心理造成了极大的创伤。而且不论汉克如何说服自己他做了正确的选择，他还是会忍不住纠结自己为这段婚姻付出的代价是不是太大了。他爱南希，但也怨南希导致他付出了这样大的代价。汉克和南希这对年轻的夫妻需要花很大力气才能在我的协助下找回他们应得的真爱和幸福。

拒绝者的盲目性

当然,如果成年子女真的选择了错误的伴侣——比如有毒瘾的、花钱大手大脚、负债累累的,情史混乱不堪、抛妻弃子的,以及不道德或违反过法律的——父母绝对有权利反对,竭尽所能让孩子看清这段关系不会幸福的现实。如果父母不站出来反对,那是父母的失职。

但本章提到的所有被拒绝的对象中没有一个有这样的性格缺陷或背景,值得父母如此大动干戈。有问题的是拒绝型伴侣父母自己。他们十分害怕变化,容不下你,又思想保守,还要求你的伴侣把婚姻的否决权拱手让给他们。这一切都让他们盲目地排斥你,忘记了他们至少应该表现出礼貌与尊重。

拒绝型伴侣父母的问题是,他们甚至没有深入了解你,就拒绝了你。

第七章 他们为什么会这样

"他们为什么要这样对我?"

"他们为什么不喜欢我?"

"他们为什么看不出来我有多努力?"

"他们为什么就看不出来我们多般配、多相爱?"

"他们为什么不放过我们?"

为什么?为什么?为什么?

这些问题,你可能已经问过自己和伴侣无数遍了。我们是十分好奇的物种,对人类行为尤其感兴趣,而且行为越难以理解,我们就越想要一个解释。对此,你伴侣的父母早就给出了答案:问题大多数时候出在你身上,偶尔也会出在你伴侣身上。但是,导致冲突的真正原因一般隐藏在你伴侣父母的潜意识中,而他们几乎不可能对你挑明真相。你就算直接问他们,也很有可能得不到有意义的答案。别忘了,他们总是认为没什么好解释的,因为大多数时候他们认为自己的所作所为在当下是正确且符合逻辑的——在他们眼中,他们的行为并没有错。

答案很复杂

于是我们只能基于我们所看到和经历的自己摸索答案,或从早已存在端倪而如今才令人感到棘手的方面寻找答案。因为大多数时候,我们不知道伴侣父母内心的想法,所以只能找到答案的一部分,但我相信已知的答案会给你一定的启发。

　　人类行为总是难以用三言两语解释，是因为它是由许多不同的事件和因素决定的。你伴侣的父母也有父母，父母上面还有父母，可以一直向上追溯到祖先，涉及极为复杂的家族历史。他们的家族信仰、规则和期望也会交织成复杂的网络，成为他们对待你和你伴侣的行为模式的根本原因。除此以外，他们独有的基因组成和秉性也扮演着重要的角色。他们独特的心理状态和生理构造可能让他们对真实存在或臆想中的事物过分敏感。内分泌紊乱可能导致他们情绪波动大、焦虑、容易抑郁，而他们从来没有就此寻求过任何帮助。也许在你出现以前，他们内心就有大量的愤恨郁结，而你不幸成了他们的出气筒。他们对你的恶行通常和你没有多大关系，反而与他们个人的心理状况和经历有关。

　　有时候，仅仅是你们结了婚这个事实就能刺激他们产生消极反应。而有时候，矛盾是性格不合和生活压力所致。有很多因素会让你伴侣的父母变得有毒。我们只要稍稍研究前文提到的案例，就能发现他们行为的规律。

信念的力量

　　你伴侣的父母之所以与你关系不和，可能是因为你们性格特点、生活环境存在差异，或是最重要的一点——他们某些根深蒂固的信念造成的。你伴侣的父母不论属于哪种有毒类型，都有一套引发他们个体或共同的消极行为的认知模式。他们为什么要这样做？让我们通过他们最常见的想法一探究竟——有的想法他们自己都没有意识到。正是这些想法导致了他们对你的伤害。不是所有伴侣父母都会有以下所有想法，但他们对你的言行很可能是其中一两个引发的。

他们认为只有他们才对

几年前,我接到了我当时的婆婆海伦的电话。海伦是个不好相处、控制欲很强的人——这已经是很客气的形容了。她打电话来是为了向我抱怨她和她朋友的一次争论。她说那不过是个很小的矛盾,抱怨那个朋友对她太糟糕了。她向我保证她绝对没做错,不应该被如此攻击。随后她问我:"那你觉得我应该怎么办呢?"我说:"我不知道,毕竟事情都有两面性。"她想也不想地说:"那我可是把两方面都告诉你了!"

我每次提起她的这次争吵,总会惹得听者大笑。但如果你仔细研究幽默背后的问题,会发现其实固执己见、认为只有自己的言行才是真理的人不在少数。他们认为事实就是他们眼中看到的那样,看问题只能从他们的角度出发。在心理学中,我们把这样的想法称为"封闭系统"——一种让人无法去探索其他思维和行为模式的系统,因为他们完全没有意识到还存在其他选项。前文提到的许多有毒的伴侣父母坚信自己站在真理那方,因此认为自己绝对有资格让你满足他们的要求。

据我的经验来看,绝大部分有毒的伴侣父母都是固执己见的类型。当然,他们抗拒任何违背他们世界观的干扰因素,哪怕就是现实。

不一样的就是坏的

第三章提到的莉兹和婆婆泰瑞的案例便很好地反映了这种封闭系统。

一涉及家庭问题,就别妄想和泰瑞理论,也别希望她能从你的角度看问题了。她仿佛要誓死捍卫这样的信条:家人必须要一直在一起,家庭是最重要的,你必须为了家牺牲一切,家人需要你的时候你必须有求必应。我如果有异议,胆敢不和一大家子同进同出而是单独行动，就会被扣上"自私""不爱这个家"的帽子。但她一开始时很欢迎我进这个家啊，可能那时她以为我会和家里其他人一样对她言听计从吧。

莉兹逐渐发现，在她婆婆看来，与众不同就是错的。

心理健全、关爱他人者能够容忍他人有不同的信仰、需求、看法和态度。一个正常的家庭可以接受莉兹这样的想法：家庭活动的确很重要，但她和丈夫也需要有自己的朋友和活动。但对泰瑞而言，事情没有商量的余地。她就像我曾经的婆婆海伦，认为自己掌握了真理，而只有绝对服从自己的人才是好人，才有价值。这种心态不能说明泰瑞是个坏人，但她无法接受她和莉兹在关键问题上持不同意见，让本应和睦的婆媳关系变得冲突不断。

对"应该"的滥用

本书中描述了很多和泰瑞类似的伴侣父母。对于会影响你的事情，他们会通过各种方式表达观点，但有一点是共通的：和他们打交道时，"应该""必须"等字眼会经常出现。这类顽固的伴侣父母通常会用类似宗教教条的句式来给自己的观点撑腰："大家都知道要尽可能花时间和家人待在一起"或是"你必须常在家陪孩子，不然他/她的童年不会快乐"。如果你的选择和他们的不同，他们就会设想出最坏的结果。

在第一章中，我们看到了平面设计师安妮的婆婆是如何抨击她的事业和她选择的生活方式的。

> 我们的日子过得还不错，孩子们也很棒，但我婆婆还是说我的婚姻未来堪忧，说我忙于工作会对孩子们的成长不好。我觉得她就是接受不了自己的想法其实是错的，所以只能说："你就等着吧，

等孩子们再大点儿，那时候你就知道我说的对了。"我甚至觉得如果真发生了不好的事情她还会偷着乐，因为那时她就能觉得自己果然没说错了！

你伴侣的父母认为自己无所不知而你一无所知的僵化观点几乎总是错误的，因为它们通常十分主观，不会考虑变化和增长，而且无法随着生活阅历而调整。即便事实证明他们一直坚持的想法并不正确，他们还是会扭曲事实，使其符合自己所谓的"真理"。你一旦明白他们有多顽固不化，便可以不再幻想奇迹出现，而是面对现实了。

他们认为自己是宇宙中心

许多有毒的伴侣父母惊人地自私，只关注自己的想法、需求和感受。只有他们说了才算，其他人也必须围着他们转，在任何情形下都要把他们放在中心。

在这些伴侣父母眼里，爱不会带来接纳和包容。他们只在意自己感受的舒适。相反的是，面对子女及其伴侣，心中有爱的伴侣父母会问自己以下问题：

- 他们会如何丰富我的生活？
- 他们能给我带来什么？
- 我的言行会如何影响他们？
- 我怎样才能让这位家庭新成员感到受欢迎和自在？
- 我的确对这位新成员有意见，但我要怎么做才能在不伤人的同时把话说清楚？

但有毒的伴侣父母看待子女婚姻的方式却是不同的，他们会问自己：

- 我的子女和儿媳／女婿如何降低了我的生活质量？
- 他们从我这里夺走了什么？
- 他们会让我给外人留下不好的印象吗？
- 他们会威胁到我吗？
- 要怎样才能按我的想法来？

霍莉的婆婆朱迪就是这样盲目以自我为中心的典型例子。她从未接纳过霍莉，而且总是抓住一切机会攻击霍莉的体重。最近，她选择了一个特别伤人的方式攻击霍莉。

> 普雷斯顿的弟弟刚和我们宣布他的婚讯，我很开心，因为我喜欢他的未婚妻，也已经想好要怎么帮她准备婚礼的各项事务了。但朱迪让他们别邀请我参加婚礼，因为我太胖了，会毁了婚礼照片。我不知道她有没有意识到这句话到底有多伤人。

朱迪对霍莉的体重抱有偏见，甚至没有意识到自己的行为对霍莉有何影响，这充分说明她是多么自我中心和自恋。她完全无视霍莉善良、诚实、努力工作并深爱普雷斯顿的事实。霍莉不符合朱迪对理想儿媳的设想。比起她眼中霍莉的外表引发的尴尬和对她造成的消极影响，人品好对她而言并不重要。

别人会怎么想

自我中心者很需要外界的尊敬和认可，因此大多十分看重自己在外人眼里的形象。在朱迪的臆想中，其他人会在背地里嘲笑她有个胖儿媳。她在纠结，别人会觉得普雷斯顿找不到比霍莉更好的妻子吗？别人会在背后怎么议论霍莉？他们会嘲笑她吗？他们是不是甚至会觉得她很可怜？

她可能永远无法意识到，大部分人处理自己的问题都忙不过来，根本没空担心她儿媳的体重。

有时，这种有毒的伴侣父母太过自我为中心，几乎到了妄想症的地步。因为认为所有事情都和他们有关系，他们经常无端责怪你故意让他们生气、失望、尴尬或者给他们惹麻烦，哪怕你实际上什么都没有做。

化妆师帕特的公婆会通过儿子杰夫释放负能量。

> 前几天，我和杰夫去我公婆家吃晚饭，结果迟到了一个小时。我们好不容易到达后，杰夫父亲第一句话就指责我们每次都要让他们等，就好像是我故意让事故发生，把路堵上一个小时，是我故意让我的手机失灵，就为了惹他们不高兴一样。这太匪夷所思了吧？你可以想象我接下来一整晚有多难熬。

一般人得知别人在高速公路上堵了一个小时，至少会表示关切和同情，即便对方没能按时赴约。但自我中心的伴侣父母会认为别人做什么都在针对自己，似乎无法意识到不止他们自己，别人也会生气、难过。对他们而言，除了自己以外，其他人的感受都不值一提。他们有一个很严重的性格缺陷——缺乏同理心。

天生缺乏同理心

在我看来，自我中心的人缺乏"同理心基因"。这一珍贵品质无法在显微镜下看到，但可能是人性中最重要的部分。它存在于我们体内，只不过没人知道它到底在哪里。可能在我们的大脑或交感神经系统中，当然也可能在被我们称为"灵魂"的复杂感受和敏感情绪的集合体中。正是它的存在让我们得以感受或至少理解另一个人的情绪，并意识到我们对这个人的言行会如何影响对方。

我们这一神秘又美好的品质被描述为对他人的怜悯、同情、理解、体恤或是设身处地为他人着想的能力。我更喜欢使用"同理心"这个词，因为对我而言，它描述的是令人们能够真正关爱他人的最重要的品质。拥有同理心会让你意识到他人感受如何，因为你能对他人的经历感同身受。这一同理心基因也会极大地抑制你想要伤害别人的冲动。

不幸的是，前文提到的所有拒绝型伴侣父母几乎都完全丧失了这一品质，而其他类型的有毒的伴侣父母也在不同程度上缺乏同理心。

- 霍莉的公婆但凡有一点儿同理心，就不会针对她的体重出言不逊，也不会阻挠她参与家庭活动。
- 乔的母亲露丝怎么能在参加晚宴彩排的一众宾客前训斥未来的儿媳安妮，说她事业心过重，让她难堪呢？她难道意识不到这番话很伤人，这样做会毁掉原本美好的夜晚吗？
- 艾伦的公婆怎么能那么冷漠恶毒，不仅对艾伦如此，对她和前任的女儿也毫不客气？他们怎么能在艾伦怀上他们的孙子以后暗示她对诺亚不忠呢？他们难道不知道这样很伤艾伦的心吗，还是说他们根本不在乎？在这种情况下，许多拒绝型伴侣父母的行为中不乏施虐狂的倾向。也许他们不够敏感，根本无法意识到自己的行为对他人有何影响？不论如何，对艾伦的公婆而言，艾伦并不是一个拥有感受的人，而只是一个会威胁他们畸形家庭的生物罢了。这一想法让他们合理化了自己的言行，毕竟在他们看来，艾伦才是这场闹剧中的反派。
- 莱斯未来的岳父钱德勒怎么能向他表示自己因为他的种族而不

欢迎他呢？他这样做会让莱斯和女儿菲莉西娅有何感受？他之所以这样做，是不是只在意自己对女儿选择的失望？和大多数父母一样，菲莉西娅的父亲对女婿多少有些预设，比如他应该长什么样，或者应该有怎样让他脸面有光的良好出身。他以外在标准对莱斯进行了一番评判后认为，他不仅不符合自己对女婿的外在要求，还对自己原本的标准形成了威胁。接着，他做了所有感到被威胁的人都会做的事情：攻击。很明显，他那时早已不考虑女儿和未来女婿的感受了。

某些人缺乏同理心，戒心还很重，所以确实完全无法为他人着想。在理智和情感上都认清这一点能帮助你解答这个问题："他们怎么能这样对我？"

部分答案便是：他们这样对你是因为他们要么意识不到，要么根本不在意他们对你造成了多大的伤害。他们无法和你感同身受。他们内心有个空洞，缺的正是同理心。于是，他们伤害你时根本不会感到愧疚或是懊悔——但凡有，他们也不至于心安理得地伤害你到这个程度。

他们认为能借攻击你解决自己的心魔

有时候，你就像一面讨他们嫌的镜子，映射出他们极力想要忘记的自我或是过去。你可能很不幸地长得像他们童年时讨厌的某位亲人，或者可能让他们想起自己一直想要摆脱或忘记的梦魇。在某些情况下，你的存在能激起他们许久以前的恐惧、耻辱或是不愉快的过往。于是，你伴侣的父母针对你时，就好像在和自己心中的恶魔搏斗一样。在心底，他们悄悄地觉得，攻击你，就等同于在应对他们没能解决的个人问题。

我知道了解婆婆朱迪作为女性的心结和过往对霍莉而言很重要，于是我让普雷斯顿尽可能和妻子讲讲朱迪童年的事情。我有很强烈的直觉。我认为，我们可以从中窥探到为何朱迪对霍莉的体重反应如此之大，以及为何她总是针对霍莉。

于是在之后的一周，普雷斯顿带来了一本旧家庭相册，里面有她母亲童年时期的照片。只需看一眼，答案就明朗了。无数张照片之中，我们看到一个闷闷不乐的胖女孩坐在脸上没有笑意的父母中间。原来，霍莉在无意间勾起了朱迪的伤心回忆，让她想起她予以否认并很早以前便试图埋藏的心结。我们看照片时，普雷斯顿想起了一件重要的事情。

> 我第一次带霍莉回家见父母的时候，我妈妈把我拉到厨房，对我说我会被朋友甚至亲戚狠狠嘲笑的。我对她说开什么玩笑，大家都很喜欢霍莉。但她还是神秘兮兮地告诉我："你就信我吧——我知道我在说什么。"然后我问她为什么这么肯定的时候，她又转移话题了。

朱迪对霍莉如此排斥，意味着霍莉勾起了她的伤心回忆，而她笃定霍莉会和自己有同样遭遇的事实证明了这点。对当下的情况反应过度的现象，通常意味着这种情况勾起了一些不好的回忆。在看到照片以前，霍莉和普雷斯顿根本没有意识到霍莉也许勾起了朱迪的痛苦回忆和糟糕感受。朱迪把霍莉当成了替罪羊，把长久以来的不安感投射在她身上。

即便朱迪不再是当初那个无助的小孩了，对外表深深的不安感仍然埋藏在她内心深处。霍莉出现以后，仿佛昨日重现，也让朱迪有机会从被害者摇身变为加害者。

己所不欲施于人

除了会因为你不经意间勾起他们的伤心过往而攻击你的类型以外，我相信你也能想象另一种类型：他们会用父母对待他们的方式来对待你。这些人不是生来就待人苛刻、控制和占有欲强或者拒人于千里之外的。他们会这样对待别人，正是因为他们就受到了父母这样的对待。你可能会认为童年时总是被打击、被严管、被排斥的人长大成人后应该不会重蹈父母的覆辙，会尝试不让别人成为下一个自己，但事实恰好相反。这种有毒的伴侣父母对待你的方式，和他们自己有毒的父母的如出一辙。

我从凯伦口中得知，她的父亲雷之所以对她丈夫卡尔如此苛刻、事事都想压他一头，是因为她的祖父就是这样的性格。

> 我爷爷快80岁了，我一点儿也不喜欢他。而且你知道吗，我觉得我爸也讨厌他，虽然他绝不会承认。我爷爷是个要求很高的完美主义者，我爸在我爷爷身边和平时完全不一样。我这个平日里开朗、健谈的硬汉父亲在我爷爷身边竟然十分安静，就像变回了孩子。我之前没意识到，现在我算是知道了，我爸也是这样对我的，虽然没有我爷爷对他那么严重，但我爸给我设下的某些标准几乎是无法达到的……而他和卡尔相处的时候，看起来就更像我爷爷了。你可能会以为他会让自己的行事作风尽量和我爷爷的不同，毕竟我爷爷让他很不好过，但他依然用我爷爷的方式去对待别人了。

心理学中有一个古老而我认为广泛适用的概念：在生活中，我们不论付出多少努力，最终还是会用别人对待过我们的方式去待人。童年时，我们对接触到的信息和榜样会多多少少进行无意识的选择。如果童年时受到了虐待，那么当时年纪太小的我们的确毫无还手之力。于是，很多人会无意识地经历一个"认同虐待者"的过程，因为似乎只有他们才拥有权力和我们需要的安全感。如果父亲总是打击孩子，说孩子什么都做不好，甚至说孩子本身就不够好，大多数孩子会在潜意识中决定长大后要成为父亲一样强大的人,以为等自己变得足够好,就再也没有人敢伤害自己了。虽然很多人没有意识到这一想法,但是他们相信成为那个伤害过他们的人,把儿时遭受的羞辱转移给其他人,就多少可以抚慰儿时的创伤。他们幻想着通过这种方式获得儿时求之不得的权力。如果你刚好成为这些人的目标,那你肯定知道这种痛苦滋味。

他们认为爱被夺走了

有毒的伴侣父母有一种被剥夺的心态,认为如果他们的子女爱你,那么你便夺走了原本属于他们的爱。他们不认为爱是一种越付出越多、增长无止境的东西。因为在他们看来,他们是在争夺稀有并在不断减少的资源,每一次冲突都意味着亲情和爱情之间的抉择。你的伴侣必须时刻证明自己仍然是原生家庭的一部分,因此要时刻偏向他们而不是你,要以他们为重。如若不然,你的伴侣就要受到他们消极情绪的连番轰炸:冷暴力、对人格的愤怒否定和故意伤人的行为。

第三章提到的律师约翰的父母就是一个很好的例子。当时他提议父母不要继续住在自己家里。

> 他们大概说了这些:"你怎么能听她的,背叛我们呢?""你现在真像个陌生人。""这个女人抢走了你对我们的爱。"我就对他们解释我还是很爱他们的,他们却根本不听。之后他们说:"如果你家里没有留给我俩的房间,那在你心里也没有我俩的位置了。"

约翰父母的言下之意是:"如果你爱这个女人,那么你就没有多余的爱给我们了。不让我们和你住在一起就证明了这一点。"

要尝试理解有毒的伴侣父母的这类不合理的要求和奇怪的责难,你需要了解他们是如何看待你们的婚姻的。对他们而言，你们的婚姻无外乎是他们子女的过家家游戏罢了。即便你的伴侣已经独立很多年，他们还是不会认真看待你们的婚姻。毕竟他们已经和你的伴侣在一起一辈子了，你不过是初来乍到的，无论你们结婚多久了。对他们来说，你们的婚姻归根结底就是孩子的一次反叛，因此他们总要测试你的伴侣对他们的孝心。而你的伴侣通过测试的唯一方法就是放弃考虑你的需求，这样他/她就不会因为没有忠于父母而陷入自责了。有毒的伴侣父母总是把你的伴侣置于双输的窘境：如果选择了父母，你会难过；如果选择了你，他们会受伤。

只有你的伴侣用言行告诉父母他们比你重要，他们才能安下心来。似乎他们的生活如何，其实是靠你的伴侣来定义的，与他们本人的成就与智慧无关。因为靠你的伴侣而活，他们自然不会让你抢走他/她。

他们不惜代价也要抓紧你的伴侣

天下的父母想维护与子女的关系再自然不过。就算你伴侣的父母情绪稳定、生活充实，他们也需要子女的爱和偶尔的陪伴。但是一旦孩子开始独立生活，他们便能够做到适时抽身，让你的伴侣逐渐展开自己的新生活。当然，即便是最明事理的父母在子女离家时也会感到失落和空虚，但他们会转向彼此、工作、运动、朋友和其他亲戚来填补子女留下的空缺。而有毒的伴侣父母则没有什么可转移注意力的对象，他们可能夫妻不和、婚姻不幸福，我还发现他们通常也没什么朋友。

正如莱斯莉告诉我的：

> 萨尔和吉娜一辈子就关注三件事：做生意、赚钱和儿子汤米。他俩总是吵架，用英语和意大利语对骂，远不是"两个暴脾气"那么简单。他们羞辱和攻击彼此的程度令人不敢置信。有很多次吉娜

哭着给我们打电话。我从来没听他俩说要跟朋友做些什么，或者像普通人一样计划出游。他俩就像死缠在一起的章鱼，不给彼此任何喘息的空间。

汤米的父母困在如此不幸的婚姻中，便总想依赖他，以期获得救赎。他们强大、英俊的儿子总能提供他们求而不得的东西：关注、陪伴、认可，以及自己仍然被需要、仍然有掌控力的安心感。在莱斯莉出现前的许多年里，汤米做到了这一点。莱斯莉出现后，他们还是不想放开汤米。

一旦孩子长大成人后认真进入一段关系，过度依赖孩子的父母会认为自己被背叛、被抛弃了。汤米找到了真爱，希望建立属于自己的家庭，但他父母非但没有为儿子高兴，还认为莱斯莉会打破他们好不容易维持好的权力制衡。

我告诉莱斯莉："你对他们来说就是个意图不轨的外来者，威胁到了他们虚假的幸福，打破了他们掌控好的平衡。在你公婆心里，你夺走了他们熟悉的生活，所以他们会想尽一切办法夺回去，甚至使用出格的手段。"

妈宝男和爸宝女

你可能已经发现，最严重的依赖似乎发生在母子和父女间。你可能也发现，最激烈的冲突通常发生在同性别的姻亲——婆媳和翁婿之间。虽然有例外，但似乎很明显的一点是，伴侣的父母在面对他们认为不可承受的"损失"时，对同性别但更年轻的姻亲怀有的嫉妒心理和竞争心态让他们格外有危机感。

在这种情况下，"妈宝男"和"爸宝女"带上了更为丰富的含义。母亲紧紧抓着儿子或是父亲不肯放开女儿的现象在弗洛伊德派看来想必含有性意味，但这种解读完全不能帮助你解决婆媳/翁婿关系中的问题。

　　这两种概念会让你了解，对你伴侣的父母而言，谁才该是你伴侣人生中最为重要的人。它们也反映了你伴侣情感上发育不良的现象。正是这种情况导致他们无法真正地忠于你。

　　痛苦，而非骄傲

　　父母之爱是唯一以分离而非更亲近为目标的爱。对合格的父母来说，孩子自信地离巢是对他们教养成果的认可。但对大多数有毒的父母而言，分离以及你伴侣与你的感情，会让他们产生源源不断的可怕的负面情绪：被抛弃、嫉妒、失落的感觉。他们不会为孩子的独立感到骄傲，而是感觉自己陷入了未知的深渊。他们极力想把已经成年的孩子拉回身边，这样他们就可以重获熟悉的舒适与安全。只有在那个时候，他们才相信有足够的爱包围着自己。

不止心理层面

　　行文至此，我们探讨的导致有毒的伴侣父母的行为的原因主要在心理层面。我在本章开始表示，还存在其他因素。生理因素也会导致某些伴侣父母强烈的控制欲和占有欲，以及惹是生非的行为习惯。你如果知道他们对你止不住的恶意存在生理和心理两方面原因——特别是在你总被打成导致他们行为的罪魁祸首时——可能会感到舒心不少。

　　在前文的案例中可以看到，有成瘾问题或婚姻和经济危机的惹事型伴侣父母一心只想着如何周转，下一次如何脱困。他们对你们的援助几乎不会有任何感激之心，也不会有半点儿体恤。他们认为自己快要淹死了，唯一的救生圈在你和你的伴侣手中。如果你们不把救生圈丢给他们，他们会通过说谎、哄骗或恐吓来达到目的。

许多有成瘾问题、容易冲动或抑郁的人脑部化学物质失衡，因此情绪不稳定，无法对自己的行为负责。如果身体无法回归生化平衡，那么全世界的谈话类心理咨询都难以奏效。好在已有越来越多的人意识到，导致有毒的伴侣父母令人难以理解并影响到他们自身和你们生活的行为的根源是生理问题，如今的医疗资源也比以前更丰富了。现在的关键就在于说服失控的当事人接受治疗。

弥天大谎

现在你应该更清楚为什么你对你伴侣的父母而言是巨大的威胁，以及为什么他们非要或隐晦或公开地找你的麻烦了。你伴侣的父母根本不想约束自己，只想告诉你和你的伴侣你才是问题所在。在他们看来，你不够优秀、不够聪明、不够好看、不够善良、不够富裕或是家庭背景和宗教信仰不够符合他们的要求——你因为一无是处，所以不值得他们的爱与尊重。

可能你也曾掉进他们的陷阱，以为自己没办法让他们对你更友善些，是因为你本身的确有问题。

但本章大量、详尽的证据告诉你，毒性最强的姻亲问题源于思维模式，源于你伴侣的父母自身的特点和内心的挣扎，甚至和你完全无关。我不是说你有多完美，或者你的言行从来没有冒犯过别人，毕竟人无完人，我们多少都有过不妥之举。但当他们针对你和你婚姻的攻击已经完全不可理喻时，你就该撸起袖子，解决问题了。

直面问题的风险的确很大，但解决问题的可能性也不小。你可以做出尝试。

第 二 部 分

守护你的婚姻

▷ **我和你的约定**

现在,是时候探索与你自己、伴侣及其父母相处的新方式了。本书第二部分分为三个阶段。

在第一阶段,你将通过一些练习为你将独力实现的改变做好心理准备。我会帮助你诚实、勇敢地承认姻亲三角关系中的哪一环出了问题,以及了解哪些因素可能让问题恶化。我会引导你摆脱消极行为和情绪的枷锁。诸如推卸责任、互相指责、反应过度、陷入愤怒与无力等行为和情绪解决不了任何问题,只会让你觉得自己是个受害者。我会带你告别被动与无助,迎接有益的变化。

在第二阶段,我会提供有效的策略,教你如何与你的伴侣共同应对问题。我会告诉你具体怎么说才能让他/她了解你的需求。我会助你营造安全、包容、促进问题解决的良好氛围,更好地帮助你的伴侣坚定地和你站在同一阵营,更成熟地应对父母。

在第三阶段,我会提供一系列新的应对技巧,教你如何用和平的方式应对不同类型的伴侣父母。我也会帮你面向他们设定合理的界线,助你清楚但无恶意地向他们说明你的底线在哪里。在更为极端的情况下,当不可能突破他们厚重的防线时,我会告诉你怎样确定以及向他们表明他们的行为会造成怎样的后果——即便这意味着和他们断绝来往,不论你的伴侣是否会积极响应这一做法。最后,我会引导你与现实和解,如此一来你便能享受与伴侣父母关系中积极的一面,而不会再让负能量继续影响你，破坏你的婚姻。

我知道以上某些甚至全部环节对现在的你来说可能还要求过高，特别是你可能还没有从目前的恶劣对待中恢复或已经被伴侣父母的问题困扰许久。但只需知道你有解决问题的新策略和新指南，你便能更冷静地应对难题。我也保证，这个过程是循序渐进完成的。如果你现在没有接受咨询，也没有相关打算，那么我会介绍你多年来我向有类似问题的咨询者提供的许多方法和策略。如果你在遵循我的建议时产生了某些强烈的情绪反应，希望随着专业人士进一步探索自我，那么我建议你尝试这样做。

如果你现在正接受心理医师的咨询，或是参加了互助协会与小组，我向你保证，我提供的建议不能取代它们的作用，而只会起到协助的效果。

不要妄想问题会在一夜之间解决。只是，如果你尝试上述建议，事情会发生变化，因为一旦你采取行动，变化会或多或少发生。你会重获自信，看清问题。接下来的章节提供的建议会帮助你跳出有毒的伴侣父母的魔掌，奔向你应得的自由，去追求更健康、更美好的婆媳/翁婿关系。

第八章 转移你的关注点

那些冷漠、自私、刻薄的人。

我那软弱无能的丈夫。

我那幼稚可笑的妻子。

每和有毒的伴侣父母打一次交道,你的婚姻便又被夺走了一丝乐趣、真情、乐观与快乐,于是现在你难免过于关注和纠结谁对你做了什么,甚至到了念念不忘的地步。

我也知道,你和伴侣父母的冲突让你痛苦地失去了些东西。也许你感觉自尊心受损,对伴侣的尊重也日渐淡薄;也许你已经放弃融入一个和谐大家庭的梦想;你甚至可能不再相信伴侣能和你并肩作战,不再认为你们齐心协力便可渡过生活所有的难关。

幻想与现实

必须有人勇敢地站出来打破痛苦和伤心的恶性循环,它才会停止。如果我告诉你这个人必须是你,不要感到惊讶。"为什么非得是我做出改变?"你可能会这样想,"他们才是有错的那一方。"但你才是最看得清现实的人,是最愿意承认问题存在的人。而其他人似乎更希望维持一直以来的平静,对明明很严重的问题视而不见。

我知道所有人都希望美梦成真,希望某一天,你伴侣的父母对你说:"我们知道自己亏待你了,你是一个很不错的人,我们应该郑重地向你道歉。我们要怎么做才能弥补自己的过错？"或者你的伴侣也能当面对他/她的父母说："爸，妈，不要再说了！你们不能再这样对我爱的人了！"这样一来，你什么都不用做，可以直接沉浸在家庭的温暖中。

我知道你更愿意坐等他人改变，而不得不自己采取行动更让你感到害怕。但坐等成果并不现实，而且你可能也已经发现，是徒劳的。

不要再等了，赶快行动吧。

一个新的开始

假设你被长时间锁在一间黑屋子里。门打开以后，你可能不会立刻冲向光明，因为光线很刺眼，突然到来的自由也让你一时不知道该去往哪里。一开始你可能是手足无措的。

同理，我希望你明白，你正迈向姻亲关系中的一段新的自由——但你还是需要慢慢摸清通往自由的方向。我不建议你当面和你伴侣的父母挑明或打电话向他们一吐为快，希望你不要因此失望。恰恰相反，你需要做的第一件事就是放慢脚步，理性思考，如此才能更好地控制压得你喘不过气来的消极情绪。你需要慢慢调整自己去适应光明。

和自己来一场约会

第一步，你需要来一场"外遇"。不要再纠结你的另一半过去没有、现在没在和将来不会为你做什么，也不要再想你伴侣的父母过去怎样、现在如何、将来又会怎么无理地对待你，你应该专注于现在你能为自己做什么。忙里偷闲，和世界上最了解你的人——你自己——来一场约会吧。

在这一转折期,每天挤出一段和自己独处、不被他人打扰的时间尤为重要。安排出这般时间,记在日历上。我知道这并不容易,毕竟干扰因素太多。你要么孩子还小,要么还有工作,要么伴侣要求还多,要么三种情况都有,但抽出时间真的很重要。你需要去一个能让你专注自己的地方,即便只是去公园坐上一个小时。现在就找机会让自己冷静几分钟,去冥想、深呼吸,自我暗示你正在开启人生中重要的新篇章。

观察审讯室

找到专属自己的时间和地点以后,我希望你能设想以下场景:你站在警察审讯室的那种单向玻璃后,透过玻璃能看见被盘问的人,但里面的人看不见你。我要你想象自己在玻璃后观看审讯室里发生的各种让你饱受困扰的家庭闹剧。

现在,我需要你把聚光灯放在审讯室里的自己身上,观察你在这些闹剧中做了什么。不论你和伴侣父母关系的问题持续了1年、5年、10年、30年,还是你不久前才因为这种冲突而满腹怨恨,现在我需要你转移注意力,不要关注自己遭遇了什么不公,而是勇敢、诚实地观察你是如何以及在哪一环节和伴侣的父母产生矛盾的。

常见的陷阱:所有人都会犯的错误

几乎所有人在和伴侣父母打交道时都会犯错。我敢保证你不论多聪明、情商多高,都有可能掉进以下6个常见的陷阱:

- 受害者心态
- 反应过度
- 反应不足
- 对自己有不切实际的期待
- 对伴侣有不切实际的期待
- 对伴侣的父母有不切实际的期待

我把以上问题称作"陷阱"，是因为你真的很容易困在里面，并无法意识到自己的某一行为会如何火上浇油、激化矛盾。

本章我们先解决前3个陷阱，后3个将在第九章探讨。你会发现我特意让这部分的章节比其他章节短，是因为接下来你需要消化许多信息，我不希望在一章里对你提出太多要求，让你应接不暇。你可以根据自己的需要调整时间，一点一点地消化这部分提供的信息。循序渐进地将新的观点和技能学以致用，会给你的生活带来最深刻的变化。

陷阱一：受害者心态

第四章中出场的舞蹈演员玛拉的控制狂公公杰克破坏了她和丈夫去欧洲旅游的计划，她因此陷入了消沉。好在她的一个闺蜜适时唤醒了她，让她意识到自己多么轻易地沦为受害者心态的囚徒，使其控制了自己的思想、感受和行为。

> 每次看到桌面上让我想起那次旅行的东西——比如旅行社代理的电话，或是我们买的那些漂亮的导游手册——我的血压就会上升，再次变得怒气冲天。我没有意识到我为这件事花了多少时间和

精力——或者我到底变得多像个怨妇。直到来找你咨询的前一周，我和最好的闺蜜琼出去吃了一次午餐。我们一见面，我就开始说我有多生罗勃和他父亲的气，又开始对我遭遇的不公唠叨个没完。过了一会儿，琼握着我的手，说："听我说，你不能去欧洲，我很替你难过，但我真的不想再听你说你公公了。别再抱怨了。你可以计划下一次旅行。如果同样的问题再次出现，我希望你和罗勃能有勇气驳斥他。但是旅行本身不是问题所在，你知道吧？真正的问题是为什么你和罗勃什么也没做。"

我告诉玛拉，琼看似缺乏同情心的言行可能不是她想要的，但在我看来，琼这一举动不仅聪明，其实也十分体贴。她没有用"太糟糕了"以及"真可怜"这类话深化玛拉眼中自己的无助状况，而是真正帮助朋友迈出了解决问题的第一步。她还十分敏锐地意识到，欧洲之行被迫取消固然令人失望，但这只是另一个更棘手的问题的表象罢了。

"你说得对，琼说得也对，我的父母也是对的！"玛拉惊呼道，"我好像陷进了沼泽。我讨厌杰克故意刁难罗勃，也讨厌他对我们的生活造成太多影响。这一切把我变成了一个我自己都讨厌的人。我在杰克背后说他坏话，对罗勃也说过难听的话，这真的让我很难受……"

我告诉玛拉，如果她在大街上被人打倒、被抢钱，那她才是真的受害者，因为在那种情况下她是无法对发生的事做出反抗的。但即便是应对最为难缠的伴侣父母，她还是有许多选择。

"但我有哪些选择呢？"她问，"我完全不知道。如果我直接反对杰克，罗勃会生我的气，我一直觉得他是个懦夫，我可不想这么做，而且如果我——"

"打住！"我对玛拉说，"你又陷进死循环了。你当然不知道怎么办，不然你就会采取行动，也不需要来找我了。你现在处在一个消极思维的恶性循环里。它让你抓着别人亏待你的地方不放，总觉得自己是个受害者。从现在开始，我们先丢掉这种受害者心态，把它换成更为有益和现实的心态，这样你会有不同的感受，也会感到更有希望。"

丢掉绝望

我让玛拉写下她目前最常出现的五个念头。几分钟的思考过后，玛拉写下：

- 情况永远也不会改变
- 我什么也做不了
- 杰克总能得手
- 他在毁掉我们的生活
- 要不我干脆离婚好了

受害者容易感到绝望，觉得挣扎也没有用。他们的字典里充斥着"永远不会""总是""不可能"和"毫无"之类的字眼。而且，如果他们正处于极度的情绪失控中，这样的想法对他们而言尤为真实可信，也难怪玛拉会如此消沉。

我和玛拉回头看她写下的这些消极念头，思考如何转变这些错误的思维。针对每一个念头，我让玛拉想象自己置身于单向玻璃后，冷静地观察审讯室内的自己在闹剧中的言行，聆听在玻璃后观察的自己更为睿智的看法，然后在每个观点后面加上一些可以摆脱消极情绪的话。我告诉她，最重要的一点是她只能写下她能做什么，而不是她希望罗勃和杰克做什么。一开始，玛拉不太清楚该如何摆脱消极情绪，但很快她便习惯了这个练习，我也很高兴看见她重获幽默感，打起精神。她组织好语言以后，我让她大声朗读出来，以下是玛拉改后的句子：

- 情况永远也不会改变……除非我行动起来，不再抱怨，去解决问题。
- 我什么也做不了。真的吗？这并不容易，我知道解决问题不能一蹴而就，但是拜托，我可是拿过著名舞蹈奖学金的人，还进了非常出色的舞团工作，还抚养了妹妹，把她送进大学。我什么也做不了？开什么玩笑！
- 杰克总能得手……也就是以前吧。关于这条，我就说这么多，因为他很快就会大吃一惊。
- 他正在毁掉我们的生活……但我们不会坐以待毙。他的确很强势，但也没有那么坚不可摧。
- 要不我干脆离婚好了。要不我应该冷静下来，意识到这是我学习新技能和了解自己的大好时机。无论如何，现在都不是决定离婚的时候。我和罗勃还有很长的一段路要走。我们现在只是想回归正常的生活。

我明白玛拉当时可能并不如听上去那么坚强，但没关系。设定目标很重要，即便你还没有做好实现目标的心理准备。但你一旦设定好了目标，好事便会发生——当你开始更勇敢地面对困难，你的心理准备便会跟上。如果你坐等情绪转好再做出改变，那改变遥遥无期。

玛拉给自己定下了既实际又有益的目标。对她而言，变得像她写的那样自信只是时间问题。

我也让玛拉做出承诺，停止用酒精应对内心的怨恨与失望。她没有酗酒史，于是我问她能否靠自己戒酒。她确信她现在抱有的希望和能量能抑制自己喝酒的冲动。但因为她父母中有重度酗酒者，她深知自己容易染上酒瘾，于是答应说如果没办法在短期内自己解决，她就去参加戒酒者互助会。我告诉她，我会和她一起密切关注这个问题，毕竟因为喝酒神志不清的人是不可能拥有足够的心智和体力去应对问题的。结果发现，她很快就解决了借酒浇愁的问题。

伪装成事实的谎言

有受害者心态的人会给自己洗脑，让自己相信谎言是真的。这类谎言是我们愤怒和无助情绪的来源。而有意思的是，要改变这种情况其实用不上多长时间。把谎言这个"妖怪"放在代表事实的"照妖镜"前，它便会原形毕露，马上灰飞烟灭。它可能会试图挣扎一下，但真实的力量终将让我们看清现实。

请尝试这个练习：写下你的受害者心态，随后改写句子。像玛拉一样，把每个"我无法"替换成"我还没有"，把每个"从未"或"总不"改成"到目前为止还没有"，接着大声朗读几遍。如果你认为有必要，可以和你信任的人分享你现在的想法。

你的受害者心态有可能和玛拉的类似，也有可能和她的全然不同，但不管你的具体心态是怎样的，也不论你认为你的处境有多艰难，你都有能力点燃心中的斗志，并找到解决方法。把心中所想用白纸黑字写下来，便能很快缓解受害者心态对你的不利影响，而确定好你将采取什么行动，鼓励自己跳出受害者思维，能极大地增强你的力量。

陷阱二：反应过度

反应过度会导致血压飙升。反应过度的表现形式有很多：情绪爆发、无理取闹、大喊大叫和生闷气等任何反应程度远超出导火索事件重要性的行为。

我们总能意识到别人反应过度的情况，但轮到自己时一般却难以看清,因为一旦触及自己的敏感话题,我们总是认为自己应对攻击的方式是合理的。有时只有事后回忆起来,我们才会内疚、尴尬地认识到自己反应过激了。

前文提到,年轻的商店橱窗设计师帕姆总是被婆婆西尔维娅批评。西尔维娅对她的某些评价还算无伤大雅,但大部分都是对她外表和能力的攻击,而帕姆根本没有主动挑过事。她的应对方式通常是自己生闷气,而不会直接对上西尔维娅。随着她不断压抑自己的怒气,西尔维娅的任何一句话都会戳到她。最终,一句几乎算得上善意的话让她爆发了。

> 那是在克里斯的生日派对上,我和西尔维娅在摆盘子。她更换了我摆好的餐具的位置。"亲爱的,"她说,"沙拉叉应该放在主菜叉的右边。"她的语气听起来那么洋洋得意,无所不知——她可能只是想帮忙吧,我不确定,但我总感觉我听到的是"你什么都做不好,永远做不了像我这样的女主人"。于是我把叉子一摔,哭了起来。我跟她说,她爱怎么摆就怎么摆,我无所谓,然后我走到门外,试着冷静下来。在当时,我觉得我终于可以把情绪发泄出来了,但是现在回想起来,我觉得自己又蠢又丢脸。我知道我和西尔维娅相处的时候,我总是提心吊胆地等着她又要怎么损我了,但我不得不承认,那次她只是说了很正常的一句话。我这样做到底对我自己有什么好处,苏珊?

和我一起分析反应过度的事件时,帕姆想起了自己美丽而优秀的艺术家母亲。她在她身边经常会感到自卑。在她很容易受到打击的青少年期,她的母亲逮到机会就要提醒她,她什么事都做不好。

> 我妈每次批评我的时候,总是会假装亲昵地用"亲爱的"开

头，接着就开始贬低我。当然，我能做的就只有难过，然后回到自己的房间里哭。实际上直到现在，谁叫我一声"亲爱的"，我还是会全身发毛……西尔维娅居高临下指点我的时候是怎么叫我的？她们的语气几乎没有任何区别！

"帕姆，"我说，"99%的过激行为都是过去的阴影导致的。我们是在对我们没能解决的心理问题做出反应，把对过去的怒气撒在现在的人或事上。"

接着我说：

> 我来讲讲我的一次反应过度的经历吧。我青春期的时候，我妈很在意我的发型，总是念叨这个，还会动手把头发从我脸上拨开。直到我念大学了，她还会这么做，我提出反对也没什么用。她甚至会在我男友面前拨我的头发，让我觉得又丢脸又生气。你猜怎么着，到现在她还是这样！现在，只要她的手一靠近我的脸，我就觉得她要拨我的头发了，就会大发脾气。这个时候，所有不愉快的回忆都涌上了心头。我甚至不想听她说我发型不错——我不希望她以任何方式跟我的头发扯上关系！但区别就在，现在我和我妈都可以对这个问题一笑置之了。现在，你能明白这些阴影是如何通过一个手势或一句话就让你反应过度了吗？

提高你的可信度

如果每次你对小事都反应过度，以下的一切几乎肯定会发生：

- 你身边的人会认为你的情绪很不稳定。
- 你就像喊"狼来了"的小男孩，就算有合理的抱怨也没人会认真对待了。
- 你刚好印证了你伴侣父母的观点：你才是问题所在。
- 因为大家的关注点都在你的情绪上，没人会认真聆听你的心声，所以你会感到窘迫、无力。

这样的结果在我看来并不令人满意，相信你也这样想。

我告诉帕姆，我完全不是在建议她在西尔维娅真的贬低她时不采取任何行动，这件事我们接下来会处理。初期练习的目的是学会区分事情的严重程度。像沙拉叉这样有别于真正的人身攻击的小事可以被放在一边，而且她要了解二者之间的差异。

"但我当时能怎么区分呢？"帕姆问。

我们如今提倡表达情绪，而压抑情绪被认为不利于身体和心理健康。有时候，要区分适当的情绪释放和反应过度的表现绝非易事。

你即便找不到你反应过度的根源，也只需要从极端情绪化的状态中退一步，拉开一段距离对情况进行观察，就可以控制即将爆发的情绪。这当然需要一些练习，但值得你付出努力。

下次你一旦觉得自己要爆发了，就在条件允许时离开现场，去能让你冷静下来的地方，然后问自己以下几个问题：

- 他/她刚才说的话残忍吗？
- 他/她刚才说的话伤我自尊了吗？
- 他/她刚才说的话侮辱我了吗？
- 他/她刚才说的话有恶意吗？

其实伴侣父母的很多言论都属于沙拉叉那一类——令人生气，听来刺耳，但的确是小事。如果是小事，而你无法问心无愧地对以上全部问题给出肯定答案，那么请将你饱满的情绪留给更重要的对峙吧。到那时，你将学会如何用特定的话术和策略与有毒的伴侣父母正面"较量"。

陷阱三：反应不足

反应不足与反应过度恰好相反。反应不足的人同样愤怒与伤心，他们和伴侣父母的关系同样紧张，但他们不会发泄情绪，而会封锁情绪宣泄的出口，将周围的负能量全部内化。面对不公平的对待，反应不足的人要么否认，要么为之找借口，甚至说服自己事情并没有很严重。为了维护关系，反应不足的人什么都愿意做，有时甚至是做一些他们完全不习惯做的事。

我们在第三章了解到，百货商店买手黛安的公婆坚持要在她家一连住上几周。一旦她的丈夫约翰提议父母住到别处，他们就会想尽办法让儿子感到内疚，于是约翰只能一再退让，而黛安也不断向约翰妥协。这一切让黛安沮丧不已，偏头痛也屡屡发作。

> 苏珊，我知道我的处理方式完全不对。我的态度不够坚定。约翰一求我，我就心软。他父母在的时候我真的很紧张，但我装模作样的演技都能拿奥斯卡了。我那听话的样子令我自己都作呕。直到他们离开的这段时间里，我都焦虑得不行，只想睡上一个星期。

黛安的行为是典型的反应不足：平静表面下强压的愤怒、生理反应以及息事宁人的意愿。

学会说出来

另一个反应不足的典型例子就是前文提到的金姆。她的公公菲尔对她存在性骚扰行为。

她说:"那我应该怎么做呢?将他打倒在地吗?我跟丈夫、婆婆都说过这件事……"

"但是你没有对菲尔本人说过什么,对吗?"我问。

"该说什么?"她疑惑道。

"好,现在设想一下,假如你有个女儿正值青春期,假如菲尔也骚扰了你女儿,你现在想到要对他说什么了吗?"

"当然想得到,"金姆立刻回答,"我会告诉他他令人作呕,最好去看看心理医生。我会让他离我女儿远一点儿。他要是胆敢走到我女儿身边一米以内,我们就不会再去他家,我们家也不会再让他来。我会马上把这件事告诉我丈夫,要求他让他父亲管好自己。我也会告诉我婆婆,她最好看清楚她到底嫁了个什么人。我还会告诉其他亲戚,让他们小心保护好自己的孩子。"

我问她:"所以你为什么不能为自己做这些事呢?"

她说:

> 我也不知道……可能我麻木了吧。我被他的行为吓到了,一时间不知道该说什么。我可以为我爱的人发声,但要为自己打抱不平却没有那么容易,反正就是,事情到我身上好像就没有那么严重了。

请注意金姆这句非常有深意的话"事情到我身上好像就没有那么严重了"。正如黛安和金姆表现的那样,在本该采取行动时反应不足的人与他人相处时,通常对自我价值和重要性的认知存在误差。如果你也有反应不足的问题,你会:

- 总是忽略自己的感受

- 认为什么都是自己的错
- 出现问题时假装一切都好
- 压抑情绪,导致身体不适
- 为了不挑起争斗,宁愿容忍他人的错误
- 一直以来都不知道怎么保护自己

在遇到有损你身心健康的冲突时,如果你的表现符合以上描述中的一两种,你就属于反应不足的类型。

乍看之下,反应不足似乎比反应过度要好,毕竟反应不足的人不会掀起太多风浪,但两个极端都不是好事。反应不足只能带来短期的平静,只能暂时推迟你采取行动的时机,但最终的弊端远大于短期的舒心。不及时解决问题,只会纵容不当行为形成习惯,从而更难纠正,并会重挫你的自尊心,而且竭力维持表面的平静也会让你心身俱疲。我相信你也认同,反应不足会让你付出极大的代价。

释放你的情绪

如果你已经压抑情绪很久,是时候找机会发泄了。和许多自欺欺人的行为一样,反应不足的根源在于恐惧:害怕自己在别人眼里形象糟糕,害怕别人否定自己,害怕自己会失控。但有趣的是,你压抑怒气和沮丧情绪的时间越久,你一直以来极力想避免的负面情绪就越有可能爆发。以我的经验看,比起那些会以安全的方式释放情绪的人,那些会把所有不受欢迎的情绪封存进随时可能爆发的仓库的人一旦爆发,影响要恶劣得多。

反应不足的人总是无法及时认识到他人的某些行为——如冒犯、侮辱或是对自己时间和精力的侵占——是不当的。你如果存在这样的问题，可以通过"哎哟技巧"缩短反应时间，让自己更清楚地体会当下的真实感受。当你和伴侣或其父母相处时感受到了身体发来的信号，如感到紧张、心脏狂跳或胃在翻滚，你需要停下来，回顾一下在刚才的相处中发生了什么。接着，告诉自己，甚至可以大声说："哎哟，真难受！"忽视你想要压抑怒火的本能，努力去感受自己的情绪。向自己承认：我很生气，我很伤心，我很沮丧，哎哟！

喊"哎哟"可能听起来有点儿傻，但可以很好地帮你在身体当时的真实反应和你的想法之间建立联系。练习过后，你会发现你的"哎哟"逐渐变成了"哎哟！那真伤人，他/她凭什么那么对我"或是"哎哟！那真伤人，我现在快气疯了"。

你可能还想简单明了地说：

- 我很生气
- 这真让我痛苦
- 我很沮丧
- 我快要气炸了

首先，和你信任的亲朋好友做这个练习。释放真实的情绪后，你会感到一身轻松。这样的舒心是你应得的，即便这意味着你要放弃安全的行为模式，丢掉假笑面具，表达出你的愤怒。

一旦你开始及时地表达情绪，你会发现自己开始急切地想要这样做——下次意识到有人伤害你时，你便有了反击的欲望。加上下一章你将学到的新沟通技巧，你会更有效地释放情绪。

在完全消化本章的内容后，你可以继续阅读下一章，看看不切实际的期望是如何造成你的苦恼的。

第九章 当期待造成伤害

设想一下，在你的婚礼上，你会听到这样一席话："你愿意娶某某为你的合法妻子/让某某成为你的合法丈夫吗？进入你伴侣的家庭可能意味着收获爱与感动，但也可能意味着面对差异和冲突，你会理解吗？你是否愿意承诺不抱有不切实际的幻想，不把你的要求和期待投射到你的伴侣及其父母身上？因为他们无法满足你而感到失望、怨恨、生气或伤心时，你愿意重新审视这些期望吗？"

很少有人会斩钉截铁地就以上问题给出肯定答案，但这些却是引起婆媳/翁婿矛盾的重要因素。所以，让我们一起仔细、客观地研究一下"不切实际的期待"——了解它们是什么，以及对你有何影响。

陷阱四：对自己有不切实际的期待

你有一份体面的工作，身强体健，可能还有可爱的孩子、友善的朋友。于是你便认定，任何一个和你一样正常的人都能解决所有问题，包括应付你那不可理喻的伴侣父母。你告诉自己，你能承受这些，你是个成年人（即便家里其他人都不是），因此你有义务保持冷静，学会容忍，并用美好的品质与明智的选择感染其他人，直到所有人都做到通情达理。

霍莉的婆婆朱迪总是攻击她的体重。霍莉承认在面对婆婆的恶语时，她对自己的期待太高了。

> 你知道吗，多少次差点儿哭出来的时候，我都告诉自己"你很坚强，不要被她牵着鼻子走，不要跟她一般见识"。毕竟，言语能有什么实质性的杀伤力，不过是几句话罢了。但那些话还是很伤人。接着，我觉得自己就是个胆小鬼，因为我不敢反击。

霍莉不仅低估了婆婆的言语对她的杀伤力，还责怪自己没办法有力回击。

霍莉在生活的其他方面得心应手，但不幸的是，工作表现优秀或是与他人相处融洽并不意味着她能很好地处理家庭关系。

我让霍莉思考一下和朱迪相处时她对自己有什么期待，随后把实际和不实际的期待都写下来，下周咨询时带过来。下次来的时候，她告诉我这个任务让她对自己有了新的认识。

> 天哪，之前因为没办法达到朱迪那不可能完成的标准，我还十分自责，那时我根本没有意识到我对自己太苛刻了。我现在才意识到期望自己成为超人，不许自己在朱迪面前暴露正常的脆弱，这很不现实。我知道普雷斯顿有外遇的事会让我很难受，但没想到朱迪能这么伤我的心。我向自己承认的最重要的一点是，被侮辱的时候感到难过是很正常的，被攻击的时候感到生气也无可厚非，喊疼是应该的。我想说，降低对自己的要求、认为自己是有情绪的普通人才是正常的，千万不要以为自己刀枪不入。

正如霍莉发现的，不论你本人有多积极向上，在受到不公对待后，你都不可能像弹走衣领上的绒毛那样轻松地摆脱其影响。而且霍莉对自己的高期待让她无法正确应对婆婆的攻击。如果霍莉能学会和恶言攻击自己的婆婆面对面解决问题，而不是将负面情绪堆积在心里，那么对方的批评和拒绝就不会再对她有这么大的杀伤力。

面对有毒的伴侣父母时，你对自己有什么期待？你对自己的期待是实际的，还是难以实现的？面对你的挚友时，你会有同样的期待吗？

陷阱五：对你的伴侣有不切实际的期待

你在本书中看到了许多虽已离家但心理上并未完全独立的男女。你认为你和伴侣的婚姻关系要多久才能牢固起来？一年还是两年？没有人知道确切答案。但大多数人却幻想着只要婚礼一结束，自己的伴侣就可以把父母抛诸脑后，和自己建立稳固的新家庭。

和几乎所有人一样，你可能也以为自己的伴侣会立刻自然而然地将生活重心偏向你，即便有很多信号警告你，要你的伴侣做出这样的转变并不容易，正如要你脱离父母也并非易事。另外，大多数人都希望不论是谁为什么攻击了自己，伴侣都能保护自己、为自己出头。

幼师莉兹因为丈夫保罗对婆婆泰瑞过分的行为大事化小而感到十分伤心。保罗甚至还说，莉兹对此不满是因为她童年不幸。

莉兹自然只在意保罗背叛了自己。我对她说，认为保罗能马上从她的角度看待母亲，意识到母亲存在强烈占有欲的想法不太实际。这样的重大转变不可能一蹴而就，而且如果莉兹一直把泰瑞当成敌人，事情肯定不会有转机。

我让莉兹思考保罗是如何看待他母亲的，希望她能站在保罗的角度想一下。我对她说：

> 在保罗看来，母亲的行为再熟悉、再正常不过了。他戴着滤镜看待这一切，因此认为母亲的出发点是好的。他还没有意识到你和

他的想法不一样。你嫁的人不可能想你所想。他的成长环境和你不同，他就觉得这样没什么问题。面对他父母的要求，他没办法和你感同身受。而且，和许多人一样，他一旦感受到外界压力，就难免会和相处时间更长的父母站在一边。这虽然令人难过，但是事实。我知道保罗愿意和你一起接受咨询，但你如果希望他理解你，那么也要理解他，还要给他一些时间。同时，试着让步，和他父母商量有什么可以作为交换条件，让你们拥有自己的时间。这样会让事情变得简单。而且不要再认为自己是受害者了。其实有很多方法可以解决这种情况。另外，你老是想着自己有多生气，却忘了其实你的丈夫还不错，你还有一份热爱的工作——你成为受害者，该怪的是你自己不切实际的期待。

改变氛围

第三章提到的保险销售员皮特也发现，步入婚姻殿堂并不能让妻子艾伦把妻子的角色放在第一位，把女儿的角色推到第二位。

> 好吧，我掉进了你说的"对伴侣抱有不切实际的期待"的陷阱。我要怎么爬上来？我原本以为只要我指出岳父的占有欲问题，艾伦就会突然醒悟，说："是啊，他占有欲真的很强，我怎么没发现呢？我以前没有意识到这让你多难过，我会让他少打电话过来，不要过分参与我们的生活。"现在想想，我简直就是在做梦。

皮特甚至苦苦请求我出主意，帮艾伦立刻脱离对父亲的依赖。我向他解释说，如果艾伦尚未对此做好准备，这样做的意义不大。而且即便艾伦做好了准备，想完成转变也需要许多时间和耐心。艾伦早已习惯了父亲的这种方式，因此难以理解为什么父亲的行为会成问题。艾伦的父亲溺爱她，在她有需要的时候及时帮助她，于是艾伦实际上在依赖两个男人的照顾。

我告诉皮特，我猜他每次抱怨岳父的时候都会被妻子贴上坏人的标签。

是的——她最爱说的就是"你太敏感、太情绪化了，我没觉得有什么问题。你能不能别抓着他不放？他不过是想帮帮忙"。老天啊，我真的太生气了，气到用头撞墙。我真的看不惯我妻子像个6岁小孩一样，一遇到问题就跑去找她爸爸。那我是什么？只是拿来付款的支票吗？？

在皮特能冷静下来和艾伦严肃讨论这个问题以前，他需要一些过渡练习。我希望艾伦能同意和皮特一起接受咨询，虽然艾伦现在认为，问题都出在皮特身上。此时，皮特已处于情绪爆发的边缘。"皮特。"我叫住他。

你说你气到用头撞墙，可这样只能让你满头肿包。不如这样，你想撞墙的时候，暂时先在墙边走走，试着不急着让艾伦同意你的看法？我知道这对你来说有点儿困难，但是喊得越大声或是生闷气越久越不能解决问题。你在她耳边强调问题，她却对此充耳不闻。所以我希望你停止你现在做的一切，不要争论，不要强迫她同意你的看法，忘记烦人的事情，什么也别做，直到我找机会教你怎样应对问题和表达你自己。

你知道这样下去事情会演变成什么样。有太多迹象表明艾伦十分依赖她父亲。如果你的妻子在婚前看不出问题所在，那你也别奢望她婚后马上意识到。所以，要求艾伦一夜之间变成独立、成熟的女性是不可能的。这一周,我希望你坐下来静静地思考你对艾伦抱有哪些不切实际的期待,尽可能开动脑筋,把你想到的写下来。我还需要你把对她的实际期望写下来——是对她今后一段时间内而不是一夜之间的转变的期待。这样做能帮助你从一直纠结他们对你的所作所为的状态中抽离,转而从新的角度看待问题。同时,我希望你答应我,如果可能的话,不要再和艾伦谈她父亲了。你越不对你岳父的行为表态、尽可能接受他的行为,情况对你越有利。这样一来,氛围就变了,你就有可能和艾伦一起巩固你们的感情了。你有不切实际的期待可以理解,但这些期待让你们的关系变得如此紧张,反倒会把艾伦推向她父亲给她营造的舒适氛围。别再谈她父亲了,可以吗?

皮特急需他人为他指引方向,于是问我他在列好期望清单以后能否马上追加一次咨询。下面是皮特的清单的部分内容,希望这些能为你提供灵感,帮你转变你的想法和态度:

这样想是不切实际的:

- 艾伦会自然而然地把我的喜好放在他父亲的之前。
- 让我难受的事也会让艾伦难受。
- 她知道必须改变现状。
- 她会从我的角度看待她父亲。她父亲的行为对她而言实在太熟悉了,所以她此前意识不到问题。
- 艾伦会很在意她父亲让我难受这件事,于是不再取悦父亲。
- 艾伦知道怎样做出改变。

而这样想是实际的:

- 如果没有改变的必要理由，人们是会安于现状的。
- 为了让她明白我的感受和需要，我需要转变方式。
- 稳固的婚姻关系需要时间、耐心和努力。
- 艾伦也需要时间去减少对父亲的依赖。

皮特的清单应该能帮你列出自己的清单。即便他本人很失落，但他的字里行间体现出了理解和变通，而非气愤和苦涩。艾伦深陷在原有的家庭模式中，无法客观审视父亲的行为，但为此对她喋喋不休只会进一步将她推回她熟悉的舒适圈中。

你即便对伴侣非常生气，也要求助于自己内心的力量，将自己置于观察者的角色，这样才会对现状有帮助。你可以通过这种方式发现你在婚姻中抱有的不切实际的期待是如何让你对伴侣感到失望和愤怒的。

陷阱六：对伴侣的父母有不切实际的期待

世上只有人类希望从伴侣的父母那里得到爱、接纳和善意，而一旦现实不符合期待，我们便会感到失落和愤懑。我认为很有意思的一个现象是，出身自总体上充满爱与善意的原生家庭的人容易认为自己伴侣的家庭也应如此，因为这是他们一直以来习惯的环境——他们此前几乎没有和其他类型的权威长辈相处过。但反过来，原生家庭糟糕的人却不会有这种思维。以我多年的经验来看，他们会认为只有自己的父母有问题，于是起初并不认为伴侣的父母会和自己的父母一样糟糕，而总是幻想着伴侣的父母能成为自己梦寐以求的父母。

也许你的某些亲朋好友有着很不错的婆媳/翁婿关系，你想要同样的体验也无可厚非。但每个人的情况不同，如果你对你伴侣的父母有建立在幻想上的奢望，那你只会把自己推向无止境的失落和痛苦的深渊。

寻求父母的替代品

承包商卡尔原本一心以为他和岳父雷会成为很好的朋友，毕竟他们兴趣相投，还都喜欢做手工。但很快，雷对他苛刻了起来，并总是直接贬低他。更无奈的是，妻子凯伦几乎每次都站在父亲那边，并未察觉到卡尔有多难过。卡尔一家的问题的确是三方共同造成的，但卡尔对他岳父不切实际的期待是让他失望的主要原因。

> 我猜可能是一开始大家都太好了——所有人都尽力让自己看起来像个好人，所有人都和和气气的，因此我岳父突然否定我一切的时候我受到了巨大的冲击。之前有迹象表明他本性如此吗？唉，苏珊，我也不知道。早在我们结婚以前我就知道雷很溺爱凯伦，但那时我觉得这是好事，毕竟我认识的大多数父亲对自己的孩子都很冷淡，比如我爸，我记得我小时候他总是很消沉——每天做的就是上班、回家、看电视，最后睡觉。所以我当初看到我岳父性格如此随和，还会给我加油鼓劲的时候，我就想，也许这次终于有人关心我了。结果，他的确关心我了，不过99%的关心都是打击罢了。

我当然不能责怪卡尔和雷建立良好关系的希望。卡尔又不能预测未来，肯定也没想到他和岳父能演变成竞争关系。所以，他对雷突然而来的批评感到疑惑、失望和生气也是可以理解的，毕竟雷总是想尽办法否定他，把他当作对手，而这完全背离了卡尔的期待。

> 我从来没有意识到要放弃这样的期望有多困难。我总是不断帮雷找理由，告诉自己他应该是压力太大了，他不是故意的，也许我

带他去喝几瓶啤酒，对他说他是个好人，他就会为他的所作所为向我道歉了，接着我们就会一起去看球赛——我幻想过这些。

很显然，卡尔希望自己和岳父的关系不仅仅是"还不错"，这是后续一系列不切实际的期待的基础。卡尔希望雷能填补与自己关系疏远的亲生父亲留下的心理空缺。在掌握了足够的信息后，他才意识到雷对自己的戒心很重，还想尽办法贬低自己，但他还是一腔热血地期待卡尔能变好。

既不是天使，也不是魔鬼

前文提到，丽塔的婆婆薇薇安在丽塔刚生下第一个孩子时仿佛一个完美的祖母，但她很快就开始对丽塔的育儿方式挑三拣四。

> 薇薇安一开始看起来真的很不错，但现在就开始卖弄知识了，而且我显得越没用她就越高兴。但她在贬低我的同时又真的帮了我不少，所以我觉得我没资格提意见，只能忍着。我原以为我和她至少可以做个朋友，但现在我只要在电话里听到她的声音，神经就紧绷起来，因为我知道她马上就要"教育"我了。我原本以为她真的是出于一番好意想帮忙——我那时候真不知道我得为此付出巨大的代价。

我告诉丽塔，她有几个典型的问题——以为薇薇安会成为完美的祖母、有受害者心态和不愿意为自己发声。

在给丽塔提供咨询的过程中，我发现扭转她想法的一个关键就是帮助她找到一个坚定的中立立场，让她摆脱对薇薇安的两个极端看法：薇薇安既不是她一开始以为的完美无瑕的天使，也不是她现在笃定的阴险恶毒的魔鬼。

我让丽塔闭上双眼，还原她心中对薇薇安的第一印象——一个身着白袍、挥动翅膀的天使。这位天使会弥补她所有的缺憾，抚平她所有的不安，成为完美的母亲或是祖母。

我让她告诉我她的脑海中浮现了她什么以及对这幅景象有什么感想。"我希望她能无条件地爱我……"说到这里，她顿住了。

> 天哪，她的天使形象在我脑海里飞来飞去的样子太蠢了。可能我现在才意识到，我原本希望她的人生只有一个使命：照顾宝宝——和我。我希望她没有任何缺点，不希望她有自己的烦恼——我不希望她像个普通人！但她就是个普通人——她有很多优点，但也有不少缺点。她不过是个普通人，不是什么神仙。

为了促进她的思想转变，我让丽塔把婆婆想象成传统的魔鬼形象，比如披着红斗篷，手持长柄叉，叉尖正对着她。

> 她这个形象看起来更蠢了——让我想起我弟弟以前穿过的万圣节魔鬼装。但穿上魔鬼装并不代表我弟弟就会成为魔鬼。我想，有人让我们感到失望的时候，我们就会把他们想象成魔鬼——我知道我对薇薇安就是这么想的。

于是我说：

> 丽塔，你肯定需要和薇薇安定下一些规则，告诉她她可以隔多久来一次你家，以及怎样及时制止她对你的苛责。我会告诉你如何达到以上目的以及如何应对自责心态。同时，我们的练习能提醒

你，薇薇安的洋洋得意和苛责的确让你难受，但这些和她的过去有关，正如你现在的敏感和对你们关系的期待也是由你的过去导致的一样。内心世界富足的人不需要通过贬低他人来抬高自己。我猜薇薇安以前就经常被别人批评，所以被批评对她而言是一种再熟悉不过的情况。而且，我相信你总有一天能告诉她这一点，也许还能了解她的不安。这也许会增加你们的亲密度，让你们能像成年人一样正常地相处。

告别和放手

第一章提到莱斯莉一直对公婆期待过高，意识不到公婆愿意给她和能给她的其实很有限。莱斯莉对此痛苦不堪，不仅感到失望，还要忍受丈夫的无动于衷。这几乎毁掉了二人的婚姻。

> 的确，我知道我想要的太多了，但现在我的日子也不是人过的。除非他们做出改变，至少对我比对一条癞皮狗好点儿吧，否则我觉得我要坚持不住了。

莱斯莉说公婆待她不好，他们对她的言行总是残忍又不理智，这点我同意。但对此，我们能做的不多。我们能改变的是莱斯莉的心态，让她不要再因为寻找父母替代品的幻想破灭而痛苦不堪了，毕竟她的幻想和卡尔的一样，都是因为和亲生父母的关系不愉快而产生的。

为了帮她摆脱痛苦，我让她举行一场"告别仪式"，和之前无法实现、让她苦不堪言的奢望说再见。

我在莱斯莉前面放了一张空椅子，让她把她的奢望放在那里。徒留奢望毫无用处，因此我希望她能放下它们。

一开始莱斯莉不愿意进行这个练习，因为这对她而言太痛苦了。我鼓励她勇敢尝试——如果她实在受不了，我们就停下，下次再来。逐渐地，莱斯莉找回了勇气。最开始，她还会哭，但后来，我发现她的力量最终战胜了胆怯。

她对她的奢望说：

> 我要和你们说再见了，因为你们无法存活，而且消耗了我太多的精力。我不知道为什么我这么不幸。我感觉自己太悲惨了，因为我真以为我在这个新家能获得从未拥有过的温暖。但是，汤米和我可以建立属于我们自己的新家庭——如果他有所长进的话。所以我现在要请你们离开了，因为你们只会带我进死胡同。和你们共处的日子真的挺难受的，事实上大部分时间都很不好受，但是别无他法，我还是得接受现实。

接着，我问莱斯莉她的感受如何，她答道："我当然还是很难过，但我也放宽心了，因为我不用总是想着求而不得的事情了。"

这时她更加坚定地看着我，说：

> 我才意识到，我有很多问题是要跟我自己的父母解决的。我一直想着怎么让公婆喜欢我，却忽略了我自己有多需要解决童年时期的遗留问题。我想，如果我能解决一些来自童年时期的问题，我就不会对公婆的言行感到压力巨大了。看起来公婆不喜欢我的事实又让我想起了我和父母的问题，让我在双重压力下感到不知所措。我现在很伤心，但也舒了一口气。

和对伴侣父母的奢望告别以后，莱斯莉对自己也有了更深刻的认识。她意识到自己把和父母的许多历史遗留问题带入了婚姻，让自己无法在与汤米和他父母相处时像过去一样保持坚定而清晰的立场。莱斯莉的例子告诉我们，毋庸置疑，我们心里的包袱越多，我们便越容易把自己的渴望投射在其实可能无法给予我们太多的其他人身上。

接受现实

当你为应对伴侣及其父母做准备时，为了更好地和不切实际的期待告别，我建议我们都直面现实，或者按我朋友的说法："是时候接受现实了，是就是，不是就不是。"

以下是事实：你和你伴侣的父母对彼此而言从一开始就不过是陌生人罢了。你们并不存在直接关系，你们开始建立关系的契机不过是他们生养了你的伴侣而已。随着时间的推移，你们可能对彼此有了感情，甚至彼此关爱——或者以上都没有。不论哪种情况，都没法改变你和他们没有共同过去这个事实，也没法否认你们可能有不同的信仰、爱好、态度、品味甚至语言的事实。

他们可能是你很喜欢来往的对象，也可能是你只希望维持基本交往的对象，甚至可能是如果有得选你根本不想产生交集的对象。

综合以上因素，虽然你可能很不愿意相信，但现在你需要认清以下事实：

- 你伴侣的父母没有支持你、喜欢你或爱你的义务。如果他们以上都做到了，那自然好，但你不是他们的孩子，你和他们的关系总是存在变数。
- 你伴侣的父母不会自己做出改变。桌子变不成椅子，所以现在他们对你的言行可能会持续很长一段时间，除非你和你的伴侣坚决采取措施,改变你们的相处模式。
- 你伴侣的父母可能永远无法符合你内心的期待,而且你加入的新家庭可能永远都像一幅由各类人格与秉性组合而成的拼贴画,而不是将差异编织成和谐图案的挂毯。

接受现实意味着不论事实有多残酷,都要认清它们。我看到丽塔在想象练习中开始逐渐接受关于薇薇安的现实:她既不是天使,也不是魔鬼;而莱斯莉也因为不再纠结如何让伴侣父母奇迹般地改变而心情舒畅了许多。现在,莱斯莉可以把精力更多地投入与丈夫汤米的沟通中。

接受现实绝不是"原谅,而后遗忘",而是你主动结束让你心身俱疲却毫无意义的内心挣扎,不再奢求你伴侣的父母符合你心目中对他们为人的期待,不再幻想他们该如何对待你,也不再因为他们无法达到你的期待而伤心或愤怒。

前文提及的有毒的伴侣父母的行为问题五花八门,"毒性强度"有最低的"惹人恼怒",也有最高的"为人恶毒",但案例中主人公带入婚姻的不切实际的期待却是已有矛盾的催化剂。

新视角造就新的你

退一步海阔天空。当你跳出迷局,承认和伴侣父母的关系中你本人的问题时,你便到达了看问题的新高度。承认自己的问题完全不会在你与伴侣父母的冲突中削弱你的力量,也不会给他们任何优势,而只会让你的立场更加坚定,让你更清楚自己的目标,从而更好地商量对策,解决问题。

当你一直以来没有得到疗愈的某些新旧伤口开始愈合,你开始对自己坦白，不再陷入常见的"他们接下来要对我做什么"的脆弱受害者心态中，你的自信心和自尊心会得到提升。在敏感、脆弱的时候，你很有可能被困难打倒；而当你拥有开放、理性的心态，任何狂风暴雨来袭时你都能轻松应对。

等你站到新的高度，更清楚地看问题，抛弃不切实际的幻想，接受现实，你便可以把之前耗费在矛盾伤害上的精力转移到平静、坚定地表达自己的立场上，与伴侣父母协商以求改变，并最终捍卫自己的权利。

第十章 权利与责任

在各类涉及（通常也确实经常涉及）婆媳/翁婿关系问题的建议专栏与谈话节目中，你有可能听到如下问题：

- 我有权让大家都不开心吗？
- 我伴侣的父母又不是我的亲生父母，如果他们伤害了我，我有权在他们面前为自己说话吗？
- 我有权让我丈夫夹在他父母和我之间左右为难吗？
- 我丈夫和他父母相处了一辈子，和我才认识了10年，我有权奢望他站在我这边吗？

要是和伴侣的父母相处有固定法则就太好了，可惜似乎没有人摸得清这里的门道，因此人们会对进入一个新家庭望而生畏。这就仿佛被放逐去陌生的异国他乡，对那里的语言、习俗和规矩一无所知。很多时候，没有人给你指引，替你发声——不存在一个中立方，告诉你你与他人怎样相互期待才合理。即便你已经结婚数年，你可能还是无法对平等、公平的概念有清楚的认识，也无法明确你作为成年人有什么权利。

而让情况变得更复杂的是，我们总是认为伴侣的父母更有前瞻性，令人敬畏。因为他们通常和我们的父母生于同一个年代，我们中的大多数都认为他们自然比我们拥有更大的权力，认为我们没权利保护自己，甚至还不能对他们的攻击提出异议。

第九章中我们进行的"观察审讯室"练习会帮助你做好应对伴侣及

其父母的准备。承认自己在家庭矛盾中扮演的角色的自我坦诚只会增强你的可信度和力量，因为你能够更清醒地看待问题，从而做出选择。你已经可以跨越障碍，不再时不时被踩中痛脚。现在你可以清楚地看看自己在和伴侣父母的关系中有什么权利。

你的《个人权利法案》

我们已经花了大量时间探讨你对伴侣及其父母的不切实际的期望。现在，是时候关注一下你有权期望什么了——你在复杂、纠结，由不同人、传统与情感交织而成的成人关系中应当获得的基本尊重。我接下来列举的权利都是公平合理的，而且是你有权期望和要求获得的最基本的。

你的《个人权利法案》包含三个条款。对每一个条款，请在心里默念并大声朗读几遍。我希望你对这些条款能烂熟于心，在压力巨大、不知所措的时候便能够有所依靠。

条款一：作为人的权利

你有以下权利：

- 保障自己的身心健康
- 受到尊重
- 表达自己的信仰、感受、观点、信念、价值观和传统
- 感到愤怒
- 抚养子女对不受他人干涉
- 犯错

- 改变想法
- 不受伴侣父母影响，与自己的父母、伴侣和子女单独相处
- 受到认真对待

条款二：和伴侣相处时的权利

你有以下权利：

- 与伴侣共同订立并维护家中的规矩
- 和伴侣父母之间出现问题时，向伴侣寻求帮助和支持
- 出现伴侣父母让你感到难过或对你挑剔、苛刻、控制欲很强等情况时，向伴侣表示抗议
- 希望伴侣把你放在第一位
- 当你和伴侣的问题严重到一定程度时，要求对方和你一起接受咨询

条款三：和伴侣父母相处时的权利

你有以下权利：

- 说"不"
- 表达异议
- 不爱他们
- 在他们伤害、冒犯了你或是待你不公平时告诉他们
- 拒绝他们干涉你和伴侣之间的事务
- 对他们提出合理的要求
- 定好和他们相处的时长上限
- 在计划节假日和其他特殊日期的活动时有发言权

感受你的正当权利

我把以上部分权利称为"期望的权利",指的是你对他人对待你的方式的期望。我将另一些权利称作"行动的权利",指的是当你的权利被侵犯时你应该采取的行动。你会发现,有些权利包含了"要求"和"表达"这样的字眼。这些行为会帮助你保障你的基本权利,并让你有更多的力量采取新的措施,从与伴侣父母的混战中脱身。

这些权利一看就是正当的吧?它们既不强人所难,也不阴险恶毒。实际上,它们只是人与人交往的基本法则和常识罢了。但是,大多数受到伴侣父母刁难的人却表现得好像被剥夺了所有选择的权利和自由一样。

请用心去感受这些权利。把"你"换成"我",大声朗读几遍。把内容打出来贴在浴室镜子上或其他你能经常看见的地方。这些权利是本书后半部分我们一起进行的所有练习的基础。你一旦学会争取这些权利,便会迎来积极的变化。

人类天生抗拒改变

爱尔兰有句谚语:"和你认识的魔鬼相处也好过和你不认识的魔鬼打交道。"千万不能低估我们对熟悉事物的依赖,哪怕它们对你有害无益。和伴侣父母相处的方式虽然让你越来越不快乐,却是你所熟知的、早已习惯的。

虽然亲不敬,熟生蔑,但熟悉意味着可预见性。你知道自己该期待什么,又被寄予了怎样的期待,而变化则意味着可怕、未知的领域——但变化也让你有机会真正地改善自己的生活。

我知道，明白自己的权利所在并不意味着就能将恐惧抛诸脑后，敢于要求他人尊重你的权利。对我们大多数人而言，这场和伴侣父母的纠纷需要我们来主动解决的事实会带来不小的焦虑，但相信我，你绝对不是一个人——每个人都害怕改变，即便明白改变才是唯一的出路。根据多年的经验，我发现当我引导客户去改变行为、进入未知新世界的时候，大多数人都会表现出恐惧和抗拒。

恐惧的心魔

人们对改变的抗拒，通常源于内心深处的恐惧：害怕被抛弃，害怕被否定，害怕失去。所以我们需要直面心魔。虽然它们可能不会完全消失，但是你至少可以压制住它们，不再受到它们的指挥。

前文提到，年轻的莱斯莉嫁入了一个控制欲极强的意大利裔家庭，任由公婆冷漠而残酷地对待自己，而她的丈夫汤米为了表孝心，常常牺牲妻子的权利。

向莱斯莉明确了她的权利以后，我准备和她一起进入做出改变的环节。我告诉她我会帮她做好和汤米以及她的公婆谈一谈的准备。她难以置信地看着我，说：

> 苏珊，如果你认为一切都能改变，那你就想得太美好了。我完全无法想象怎么迈出改变的第一步。我真的太害怕了。我也对自己的恐惧感到很羞愧。你应该看看我工作的时候——态度很强硬，如果有人像我公婆那样对待我，我肯定会让他们从我的工作中消失。但在这件事上我真的别无选择，风险太大了。他们那么强大。当然，除非我是下定决心离婚，一切从头再来了。

你不是唯一有这种感受的人

面对恐惧的心魔我们该怎么办呢？如你所见，把恐惧暴露出来，心魔会被逐渐驱散，所以要打败心魔，一个简单而有效的办法就是把恐惧赶出我们的脑海，将其写下来。我让莱斯莉思考一下如果要为自己发声，她脑海中会浮现哪些恐惧，并写下一份"恐惧清单"。以下是她的清单中的几项：

- 我太害怕一个人挑战我的丈夫和公婆了。
- 我能理解为什么有些人敢站出来为自己说话，因为他们就是比我勇敢。
- 我承受不了和他们正面冲突引发的消极情绪。
- 我很害怕我会失去一切。

我告诉莱斯莉，很多人都和她一样恐惧，虽然她可能以为只有她才有这样的心魔。仅靠表面判断，我们几乎都倾向于认为别人比自己更有自信和勇气。这时我们忘记了一个事实：我们是在将自己的内心世界和我们看到的他人的外在表现做对比——莱斯莉因此认为其他人要比她勇敢。有时候，我们太过在意自己的恐惧，容易忘记其实在别人自信的外表下也藏着和我们同样的恐惧和不安。

为了让你能更好地平静下来，不被焦虑吞没，我希望你可以写下自己的恐惧清单。你的清单可能包含以下内容：

- 我害怕我会生气。
- 我害怕我的丈夫/妻子生气。
- 我害怕所有人都会认为我人品差/疯了/失控了/不是好人。

- 我害怕我公婆/岳父母生气。
- 我害怕被拒绝。
- 我害怕被抛弃。

同样，白纸黑字的形式能很好地外化你的恐惧，让你知道这是普通人共有的情绪。如此一来，恐惧便不再是你心中那模糊不清、令你感到羞耻还纠缠不休的心魔了。请留意你的清单中有多少条表达了"我对此无能为力"的心境。也要留意你是如何暗示自己在情绪上无法承受生命中重要的人对你的失望或否定的。还要注意有多少恐惧使用了表达失去和被抛弃的灾难性描述。当恐惧占据你的内心，清醒的成年人思维便退居其次，胆怯的孩童思维占据了上风。在这样的思维下，你伴侣的父母变成了强大的成年人，你如果无法获得他们的善意，就真的会崩溃。

你现在就可以成为这样强大的成年人，不把自己的情绪健康建立在别人的认可之上。为了不让别人对你失望而任由他人虐待自己，这样的代价太高了。

一些让你冷静的自我暗示

接下来我想和你分享多年来我给咨询者提供的一些建议：面对恐惧时自我暗示的方法。很多人的自我暗示并不积极——"我害怕""我做不到""这太难了"——我们在心里默念这类说辞无数遍，最终只会对此感到麻木，而害怕却丝毫未减。我希望你能用我教给你的更有力量的措辞来给自己暗示，以释放压力。为即将迈出的勇敢的第一步感到无比焦虑实属正常。这时你可以重复用以下说法进行自我暗示。请记住它们，因为在你准备好与伴侣及其父母进行实际交流时，它们能让你冷静下来。它们之所以能让你冷静下来，是因为它们是真理，而你会在内心深处理解它们的真实性。请在心里默念，或者可能的话，每天大声说上几遍：

- 每个人在不得不尝试新事物时都会感到害怕。
- 每个人在经历自我成长时都会感到害怕。
- 我越是努力保护自己，就越不会害怕。
- 在恐惧中采取行动总比被恐惧支配好得多。
- 虽然我很害怕，但我也必须迈出第一步。

一旦你发现自己又切换到"我做不到"和"我害怕"的模式，请停下来，深呼吸，接着主动重复以上心理暗示，直到心情平复为止。

每做一次心理暗示，你都在更好地内化并坚信以上暗示的含义。

从恐惧到愤怒

在你和伴侣及其父母面对面解决问题以前，你还需要处理另一种强烈的情绪：愤怒。

也许你早就知道自己因为和伴侣父母关系的问题而愤怒，也许你刚刚意识到自己有多气愤，但有一件事是可以确定的：一旦你意识到别人对你有多糟，以及你的权利如何被无视，你的大部分恐惧情绪就可能转变成强烈的愤怒。你甚至想发泄怒气，报复对方。无论你认为对方多么活该，你都要抑制自己发泄的冲动。不加控制地发泄愤怒不是我们练习的初衷。

请记住，拥有权利意识不代表你能伤害或攻击包括你自己在内的对象，而是意味着你要清楚自己在新的家庭中该有怎样的立场和位置。我知道，你和本书案例中的当事人们一样，发现多年来自己的诸多权利一次又一次地被毫不尊重你的伴侣父母所侵犯。你可能也目睹了自己的伴侣被夹在中间无所适从，往往只能任由父母践踏你的权利而毫无反抗之力。

你当然有权感到愤怒。愤怒并不可耻。它可以提醒你，是时候做出改变了。承认你的愤怒，不要批判自己——它只是情绪的一种，不过是人类真实的一部分。你可能也会惧怕自己的愤怒——很多人都如此。他们害怕如果发泄了怒气，自己和别人都会受到伤害。面对伴侣父母的行为，你可能反应过激或不足，也可能像玛拉一样依靠酒精来麻痹自己。

在你开始和伴侣及其父母处理你们之间的问题之前，我希望你能先与自己的愤怒和解，并找到表达和管理这一情绪的合理方式。你应对怒气的方式很大程度上决定了你能否有效地拯救你的婚姻，以及重塑你的自尊。

管理你的愤怒

经过努力练习，玛拉已经改变了看问题的角度。她不再把自己视作无助的受害者，也做好了和罗勃谈谈的准备，但她还是很生气。她担心在她和罗勃谈话、试图挽回局面的过程中，她的怒气会一发不可收拾。

我们的目标当然是在不攻击他人、考虑周全的前提下谈论自己的愤怒。但在你能完成这一目标之前，你可能还是需要先发泄一下怒气，但不一定要对着始作俑者。过去风靡一时的理论提倡将怒气全部发泄出来，把感受通通说出来，但发泄怒气的过程总是伴随着令人恐惧的激烈情绪和污言辱骂。没有人能忍受这样的攻击，而且这可能会对你们的关系造成不可挽回的伤害。

我提议玛拉在我面前发泄怒气。我这里很安全，她完全可以放心地把所有压抑的怒气发泄出来，也不用担心其他人的反应。毕竟玛拉已经处于情绪爆发的边缘，只需一点儿鼓励，她便能酣畅淋漓地发泄出来。

"第一个对象是我公公。"

"好的，"我说，"闭上眼睛想象他的样子，然后开始吧。"

从玛拉的面部表情，我可以判断出她正在想象她公公的形象，几秒钟后，她便开始了：

> 混蛋，你以为你是谁啊！你有什么权力对所有人指手画脚？你这个专横又可悲的家伙！你怎么敢把你的儿子当傻子耍，在那么多人面前羞辱他？你以前为所欲为，但是现在，想都别想！你再也别想毁掉我们的生活了！而且，也别再指望罗勃会在你那里工作多久了。不爽吗？活该！

接着，玛拉长长地舒了一口气，说："我的天哪，这感觉也太棒了。我能大声喊出这些话，也不用担心有什么后果，这可太好了。而且我再也不觉得自己要失控了。"

我告诉玛拉，不要以为一节发泄情绪的咨询练习就能奇迹般地释放所有的怒气。但她可以在必要、独处的时候自己做这个练习。她可以对着她公公的照片或任何能让她想起他的东西进行练习。

通过运动发泄怒气也是很不错的缓解方法。玛拉是一家健身房的会员，于是我问她有没有能让她拳打脚踢的课程。

"比如我的跆搏健身操课？"她问。

"对，"我答道，"这个课不错。你也可以打沙包，一个人在家的时候甚至可以打枕头。在捶打东西的时候在心里念叨'我受够了'或者直接说出声，效果会更好。还有电影《电视台风云》(*Network*) 中的经典台词'我现在气疯了，我再也不忍了'也是句不错的发泄台词。"

捶打东西、跑步、做园艺甚至做洗刷东西等耗费体力的家务都是被证实有效的宣泄怒气的好方法，它们能释放愤怒给你的情绪和身体带来的负能量。选择一种让你满意的活动，可以是猛砸网球，可以是击打面团，还可以是往池塘里扔石头。宣泄你的怒气能让你如释重负。

为你指明方向的愤怒

我问玛拉她是否也想对罗勃怒吼，她说她在现实生活中已经对他吼了太多次了。接着她提出了很有意义的一点：

> 令人惊喜的一件事是，我发泄完以后，突然想到了一个不错的解决办法。罗勃需要换一份工作，但这操作起来没什么问题，因为他是一个优秀的会计师。待在他父亲旁边只会打击他的自信心。在这一点上我可以帮他。这就是解决办法，一直摆在我们眼前，但我俩都过于纠结问题本身，而没有去思考我们能怎么解决它。

尽管我们害怕愤怒这种情绪，但它能给你指明方向。玛拉的愤怒让她改变了自己和罗勃的生活。虽然做出改变并不容易，但罗勃最终还是明白，改善他们生活的唯一途径就是换一份工作。玛拉支持并鼓励罗勃离开父亲的公司，找到了一份新工作。他的专业技能在新的公司迅速得到了认可。

警惕自责倾向

此时，你可能还发现你的大部分怒气其实指向的是自己。在猛然醒悟之后，我们总会责怪自己——这就是所谓"我怎么能这么蠢综合征"。

前文提到的保险经纪人阿尔刚痛失丈夫的岳母正在摧毁他和妻子的婚姻，而他就掉进了自责的陷阱。

> 我简直不敢相信我竟然能让这个问题持续这么久，竟然只能压抑情绪，直到忍无可忍。我很生我自己的气。我到底怎么了？我不是一个软弱的人，但我为什么没有早点儿采取措施？我真瞧不起自己。我们一年前就应该来咨询的……

"阿尔，"我打断他，"思考'本应该、本可以、本能怎么怎么样'是最浪费精力的。你现在已经来咨询了，这才是最重要的。你没什么好羞愧的。有时间后悔，还不如把精力用来思考你和茱莉亚现在要如何解决问题。"

意识到自己让自己失望了以后，自责是再正常不过但又令人痛苦的反应，刚好也是我们最自欺欺人的习惯之一。我们无法改变过去，但我们肯定可以从中吸取教训，吃一堑，长一智。

凯瑟琳的音乐家丈夫山姆在婚后变得情绪不稳，暴力倾向越发明显，而她的公婆却把问题怪在她头上，最后凯瑟琳还是伤心但理智地结束了这段婚姻。

脱离了有毒的丈夫和公婆的魔掌的确带来了自由，但随之而来的还有深深的自责。

> 我本来是一个聪明、强大的人。现在回想起来，我简直无法相信我忍受了什么。我无法相信我怎么能被他们一家三口说服，真的认为问题出在我自己身上。我竟然不知道我也有权利依据事实为自

己辩驳。我太生他们的气了,但我也很生自己的气,因为我竟然任由他们这样对我!我都不认识这样的自己了!"

凯瑟琳的经历清楚地告诉我们,你曾经忍耐和承受了多少不公,可能你自己都无法置信。你可能也会像凯瑟琳一样,认为自己丢失了部分真实的自我。

你还可能发现自己有以下想法:

- 我那时候怎么能那么懦弱?
- 我那时候怎么能那么盲目?
- 我那时候怎么能让他们那么得寸进尺?
- 我那时候怎么能任由自己被那样对待?
- 我那时候怎么会是那么一个胆小鬼?

在你做好准备要变得更强大、更坚定的时候,不过分自责是很重要的一点。要记住,在当时的情况下,你能意识到的问题、可用的情绪资源只有那么多,所以你已经做出了在当时的条件下你认为最好的选择,请不要过分鞭笞自己,让过去的痛苦经历更加沉重。此时此刻,照顾好自己才是最重要的。

这就意味着要抽时间做一些让你舒服的事情:按摩、做运动以及参与其他活动,包括做爱、给自己买些特别的东西、冥想、出去吃晚餐、参加你喜欢的艺术活动等。在艰难的时刻,你需要滋养身心,犒劳自己,还需要向自己承诺以最适合自己的方式来善待自己。在迈出改变的第一步前,这通常是被忽略的部分。其实,我们应该再加一项权利:"在经历艰难的过渡期时,你有权利对自己好一点儿。"

代入你爱的人想象权利

如果你认为有些权利对你而言难以接受，那就想象一下拥有这些权利的人是一个你关心的对象，比如你的朋友或子女，或者现实或想象中的一个准备结婚的成年子女。假设这个人处于和你同样的境地，想象你伴侣的父母像伤害你一样伤害他们。那么对于你爱的人，你会听任他们的哪些权利被剥夺呢？我猜，一个也不会。为我们爱的人争取权利很容易，可是要捍卫自己的权利反而变得困难起来。但是，一旦你行动起来，捍卫了自己的权利，你就会奇怪自己之前怎么没这么做。

权利意味着责任

仅仅是想象在行使自己的权利以后你和伴侣父母的关系将发生的变化就足以让你松一口气了。但在你愤怒地发表激烈言论以夺回自己的权利以前，你需要记住，权利不是平白无故获得的。对任何一个关心他人、有公德心的人，权利总是伴随着责任。

为了帮助你更好地进行接下来的练习，我将责任列在下方。你会有足够的时间思考每一项责任以及接下来如何承担它们。

你有以下责任：

- 真实地表达你的顾虑和感受，不进行人身攻击
- 对于你和伴侣及其父母的矛盾，坦诚地说明你自己需要负责的部分
- 清楚、明确地说出你现在的感受和需求，而不是从头到尾诉一遍苦

- 尊重你的伴侣,不论你有多愤怒
- 尊重你伴侣的父母,不论你有多愤怒

我知道为了承担上述责任,你需要付出很大的努力,但现在你拥有勇气和力量。在直接应对你的伴侣及其父母之前,你需要在心里记住并理解这些责任。这会极大地提高别人倾听你的可能性,也能助你更有效地表达自己的想法。

第十一章 压力之下也从容

"苏珊,那你是怎么做到的呢?"第二章提到的化妆师帕特问我。她的丈夫杰夫从父母家回来后总是对她百般挑剔。"你是怎么做到终于把积压太久的话都说出来,还没有大喊大叫、号啕大哭或是结结巴巴的呢?"

我告诉帕特,其实行使自己的权利并没有那么困难。

我们可以通过可靠的、不带挑衅意味的沟通策略来适当地表达和行使自己的权利。我通常会介绍三个沟通技巧:

1. 设定界线
2. 明确立场
3. 非防御性沟通

接下来,我会向你展示以上技巧如何能营造积极的氛围以缓解矛盾。你会发现,每一个技巧都十分有效。

设定界线

设定界线,指的是明确你在情感和心理方面不可侵犯的底线。正如国家都有边界,你也有任何人都不可侵犯的界线。

在研讨会和演讲的场合,为了阐明界线这一概念,我会让一名志愿者上台,让志愿者把我想象成他/她在生活中有矛盾的对象。接着我告诉他/她,我会慢慢地走向他/她,他/她需要在感到不舒服时叫我停下来——这个节点就是他/她个人的界线。

你可以和你的朋友做这个练习,或者自己想象一下你伴侣的父母向你步步逼近的情景。我向你保证,当你们的距离缩短到某个程度时你肯定会感到不自在,不希望对方继续靠近。请在你和你伴侣及其父母的相处中记住这种界线给你的感觉——你生活中任何一个人越界时也一样。

我在给帕特单独咨询时和她做了这个练习,之后她惊叹于自己如何凭直觉清楚地感受到了心理界线的存在。

我让她继续保持这种清晰的感知,接着建议她把自己的婚姻和家想象成一个堡垒,她会倾尽全力保护它不被入侵。这些便是她心目中物理和情感上的界线——将她与外界,特别是与伴侣父母分隔开来的界线。她要做的就是思考如何告诉杰夫他父母的"借刀杀人式批评"让她有多痛苦,造成了多深的伤害,并明确她对这类行为的容忍度。

帕特想了一会儿,说:

> 我想告诉他这个家是我们的,必须成为一个安全的避风港。我想对他说他对我应该比对别人更好,而不是更差。我想对他说他不能再把负能量带回家了——一旦他踏进家门,不论在他父母家发生了什么,他都必须把发生的事留在门外——不好意思——是堡垒外。

帕特找到了明确自己界线的好方法,她想说的话既没有攻击、责怪杰夫,也没有对杰夫造成威胁,让他急于为自己辩护。在下一章,你会看到帕特如何有效地帮助杰夫向父母说明了他打算怎样彻底改变他们"借刀杀人式批评"的习惯。

讲明规则

前文提到的程序员格雷格的岳父维克，差点儿因为酗酒而伤到格雷格的儿子迈克尔。除了和妻子安妮塔一起接受我的咨询，格雷格还明智地与妻子一起参加了匿名戒酒者互助会的活动，以帮助维克改善酗酒行为。但这样的干预并没有从根本上改变他们的家庭问题，因为维克始终不肯面对自己酗酒的问题。这对年轻的夫妻深知他们需要让维克知道什么是能做的，什么是不能做的。他们如今开始共同解决问题，在我的帮助下设定了十分严格的基本原则。

格雷格说：

> 我可以告诉维克，我们还是想和他保持正常往来，但是如果他喝醉了，要么我们离开他家，要么他离开我们家。对安妮塔而言比较棘手的是孩子的问题，因为维克很喜欢孩子，安妮塔知道这样做会很伤维克的心。

"安妮塔，"我说，"维克喝醉了，差点儿伤到迈克尔。如果你告诉你父亲他的行为会有什么后果，他的确会很伤心，但这应该没有孩子的安全重要吧？说句你可能不想听的，出面警告他的人还真得是你，因为觉得很难开口就孩子的问题跟他约法三章的正是你。你只要迈出了这一步，自尊心就会大增。"

我让安妮塔和格雷格思考一下，维克和迈克尔相处时应该遵守哪些规则。

安妮塔说：

> 如果他喝醉了，他当然不能再随便和迈克尔疯玩，只能安静地

坐在孩子身边。而且他不能一个人和孩子待着，得有另一个大人一直在场。

我对安妮塔和格雷格提出的考虑周全的规则表示了赞赏，告诉他们还要预想一下维克听到这些规则时的反应并进行模拟应对。设定好规则后，他们需要针对具体场景进行模拟交流，直到能自如地说出计划好的话。这样一来，不论他们在实际交流时有多焦虑，他们都能更轻松地说出该说的。

明确立场

清楚、不带歧义地表明立场，意味着告诉别人你愿意与不愿接受和做的事。和伴侣及其父母相处时，表明立场能赋予你更多的力量。因为我们大多数人不太习惯以这种十分明确的方式表达自己的诉求，所以你一开始会认为表明立场的言论有些奇怪。但就像一双新鞋开始可能会磨脚，假以时日你习惯以后，这双鞋会越穿越合适，越穿越舒服。

前文提到的黛安不希望公婆在她家住太久，于是急需对丈夫约翰表明自己的立场。我告诉她，她应该决定好并告诉丈夫自己能和不能接受什么，而且如有必要，也要告诉公婆。我让她把自己愿意和不愿做的事列举出来。

她说的第一件事是："我不能让你爸妈和我们住在一起，这对我来说太难受了。"

我告诉她，"我不能"让她听起来语气很弱，而"我不希望"则暗示了自己的选择和决定。于是我建议她把"我不能"换成"我不希望"，再把这个句子重复几遍。"你会发现改过的句子听着和感受起来有多么不一样。"

她照做了，她的感受也的确不同了。

而且，黛安还想到了其他表明立场的话术，以下列出主要的几个：

- 我愿意花时间找一个好去处来安顿他们。
- 他们来我们家的时候，我不愿意浪费我们难得的相处时光和他们待在一起。
- 我愿意一周和他们吃几次晚饭、看几场电影。如果你自己需要多跟他们见面，那么我也乐意和朋友聚一聚或者带孩子。

黛安有些担心约翰不接受她提出的立场，于是我建议，我们可以想办法缓和一下语气，不让这些话显得像发号施令。在表明立场时，如果你不想让对方一听就心生抗拒，那么你不仅要注意表达的内容，还要小心你的语气。

于是黛安说："你看这样如何？我对他温柔点儿，说我理解对他来说拒绝他父母并不容易，我也尊重……"

"那让我来扮演约翰吧，你可以和我练习一下，"我对黛安说，"如果你对第一次的说法不满意，别担心，可以重来，你有很多时间练习。"

黛安：亲爱的，我需要和你谈一谈你父母的事情。

扮演约翰的苏珊：黛安——我很累了，而且我不想再谈这件事了。

黛安：他的确经常这么说。那我现在该怎么办，一直唠叨吗？

苏珊：我们来换一下角色吧，这次我来当你。我应该没法投入和你一样多的情绪，所以可能我更容易想到该对他说什么。也许可以先问问他现在他方不方便谈话。如果他回答"是"，请确保他放下了报纸或是关掉了电视，能全神贯注地听你说话。如果他说现在不行，那就让他选一个他觉得合适的时机。假如现在就合适。如果我是你的话，我可能首先会说："谢谢你同意抽时间和我谈谈这个对我而言真的很重要的事情。我知道现在你父母的问题让我们两个都很头疼，我也知道有时候我不太快乐，因为我认为你没有真正意识到这件事对我而言有多难。我也承认我经常让你夹在中间，导致你往往两边都不讨好——不管怎么做，我和你父母总有一方会生你的气。所以现在我想看看我们能不能一起做出改变，让大家都好受点儿。我还爱你，不希望和你家人的问题影响到我们的感情。所以接下来我要告诉你我能接受什么、不能接受什么，接着你也可以告诉我你的诉求。"

黛安表示从约翰的角度看，我这番话在很大程度上减轻了威胁感，但她还是无法预测约翰会做何反应，毕竟他的父母很会利用他的孝心让他内疚。不过她已经做好更充足的心理准备去接受可能发生的情况了。我告诉她我也不能预测结果，但是我敢预言，如果她不尝试，一切都将维持现状。

黛安明白，明确立场只是解决问题的开始，但她还是很高兴自己掌握了解决问题的新方式——也许她的偏头痛也有机会得到缓解了。

方式要简单，直指具体问题

明确立场最有效的方式就是做到简单和具体。长篇大论的解释和模糊不清、不够具体的诉求只会让效果打折扣。

以下句子便没有清楚地表明立场：

- 我希望我能开心。
- 我希望我们都能相处融洽。
- 我希望你妈能少念叨和嘲笑我。
- 我希望你爸不要总是一副无所不知的样子。
- 我再也受不了现在的情况了。
- 我需要有自己的空间。
- 我们必须改善一下我们的关系。

这些话没有传达出能让任何人理解的信息量。这些措辞表意模糊，过于笼统。没有人知道你具体想要什么，更别说对此采取行动了。

相反，下面的句子则能帮你扭转局势，更好地应对你的伴侣及/或其父母。

- 我愿意和你谈谈这个问题，但是我不希望你批评/贬低/侮辱我。
- 我很重视与你的关系，但我不愿意靠压抑自己的感受和需求来息事宁人。
- 我不愿意在你父母的重大问题已经影响到我们的情况下假装一切都好。我需要和你谈谈他们。
- 我愿意为我造成的问题承担责任，但我不愿意听到你/你们说所有问题都是我的错。
- 我不愿意让你的父母过多干涉我们的育儿方式。

站在明确的立场上阐述你的情况。不用急于推进。明确哪些方面的问题是你再也不能容忍的，并清楚扼要地表达出来。多练习如何表达立场，总有一天会熟能生巧。

每个人的立场都不一样，只有你自己能决定你的底线在哪里。但对所有人而言，有一个点是共通的：你必须找到阐明立场的勇气，即便你仍然感到没把握或是害怕。这是我们成长的必经之路。

非防御性沟通

下面要介绍的技巧是一切自尊、成熟、冷静的行为中的精华。

大多数冲突都会经历"攻击—防御—后退—激化"的演变模式，让所有人都无比沮丧、筋疲力尽，而且往往不能解决任何问题。而非防御性沟通则能打破这一模式，让你拥有你不敢想象的掌控力。你如果读过我的其他作品，应该知道我把非防御性沟通列为一项重要的工具，可以帮助咨询者避免争论、解释、摆大道理或试图改变别人想法的行为。而这种方式实践起来其实很简单。

回想一下最近一次你和伴侣的父母产生矛盾或因为他们和伴侣闹不愉快的经历。在某一个点上，有人说的话刺伤了你，马上就触发了你反击、争论或者一个人生闷气的反应（经典的"战斗-逃跑反应"）。你感到怒火中烧、胸口发紧、心跳加速，这些生理反应你再熟悉不过。你感觉自己无路可退，而且过分的焦虑可能让你的大脑"死机"，于是你完全不知道该说什么。你可能会花很多时间为自己辩护，并告诉对方他们是错的。

现在想象一下，不论何时受到攻击，你都有一整套方法可以随时用来应对，而且几乎能浇灭你的怒火，重塑你的自尊和自信。这套方法也几乎肯定能让对方而不是你失去优势，在多数情况下能大大削减对方对你的杀伤力。更妙的是，你能在短时间内学会这些技巧。我知道这番话听起来有些不切实际，但这种方法经过了实践检验，曾奇迹般地改变我的咨询者和我自己的生活。

第五章提到股票经纪人史蒂夫再也不想没完没了地救济胡乱投资的岳父斯坦，真心想要改变现状，但就是不知道如何下手。每次史蒂夫想拒绝斯坦的请求，他的妻子安德烈娅和岳母露易丝就会求他再救斯坦"最后一次"，无奈之下，每次史蒂夫都只能答应帮忙。

我问史蒂夫，斯坦每次朝他求救时他一般是怎么做的。

史蒂夫说：

> 我就告诉他我们真的没有闲钱了。我建议他找一个债务顾问，但他就是不听。如果我胆敢拒绝他，他就会反复打击我，说我自私、傲慢，是他高攀不起的大人物——他能想到的帽子都扣给我了。他说我无情无义，指责我根本不关心他和露易丝能不能保住他们的房子……

"那之后你是怎么应对的呢？"我问。

"我就提醒他，之前那么多次是谁帮助他渡过难关的。我告诉他我真的关心他们，而且我也不是无情无义，只不过我们自己的开销也很大……"

"所以你尝试为自己辩解？"我问。

"是的，我尽力辩解了，可结果是每个人都在大喊大叫，我觉得自己像个白痴。"

"史蒂夫，这个时候给自己辩解是没有任何好处的。你是个很好的人，你现在被这个问题'淹没'了，我准备用'救生圈'把你拉上来。我准备告诉你该如何用非防御、不辩解的方式交流，请你仔细听一听，之后希望你能自己实践一下该怎么做。"

"等等，"史蒂夫打断我，"可如果你不为自己辩解，对方就会认为你是个软柿子，一直欺负你。"

"这其实是很多人都犯过的大错。事实上，当你保持冷静，不被对方牵着鼻子回应，也不试着为自己解释或辩驳什么的时候，你会变得有力量得多。让我演示给你看。"

我让史蒂夫扮演斯坦扣罪名给我，看看我是如何应对的。

史蒂夫（扮演斯坦）：你无情无义，还傲慢无礼。

苏珊：我知道从你的角度看我是这样的。

史蒂夫（扮演斯坦）：是的，我就是这么想的，我不希望你这么对我。

苏珊：让你不高兴了，我很抱歉。

史蒂夫（扮演斯坦）：所以你之后打算怎么做？

苏珊：不打算怎么做。但还是很抱歉让你不开心了。

史蒂夫（本人）：我不知道该怎么接了。我感觉像在迷雾里打转。

苏珊：就是这样！这就是不辩解的意义所在！我不和你争辩，也不对你解释，这样能让怒火冷却，让你没法进行下去。不管对方说什么、做什么，只要你坚持不为自己辩解，这个方法99%会奏效。

丰富你的方法库

在被攻击、批评或是陷入混战时，你还可以利用以下回应方法进行非防御性沟通：

- 你和我说这些是因为……？

- 你有权发表你的观点。
- 我得想一想你的提议。
- 这点挺有意思的。
- 等你冷静下来,我很乐意和你谈谈这件事。
- 我很抱歉你不同意这点。

以上回应的价值在于,它们能帮你在面对几乎任何攻击时都更好地坚守阵地,效果往往好得出乎你的意料。

在以上四章中,我为你提供了很多思考和练习任务。请慢慢来,别着急。坚持练习,直到你能自如地使用这些技巧。我想,你一开始会有一段不自在和焦虑的时期,因为此前可能没有人告诉你,你其实有权利设下界线,表明自己接受和不接受什么。别担心,没有人能一开始就做到完美,也没有人做这些时会完全不焦虑。

但我可以向你保证,熟能生巧。你越多将这些被证实有效的方法付诸实践,就能越轻松地驾驭它们。你要记住的一个重点是,不要等到不害怕了才迈出第一步。事实是,先迈出第一步后你才不会那么害怕。

第十二章 获得伴侣的支持

在前面四章中,我们做好了准备工作,进行了模拟,完成了观察和反思,还学习了新技巧。万事俱备,是时候学以致用了。你已经做好准备面对你的伴侣——这位在婆媳/翁婿问题中的关键角色——也做好准备以直接但是有爱的方式将他/她拉入你的阵营,以解决你们面对的问题。

问题出现时,你希望伴侣能保护你,然而他/她却没有表现出该有的勇气、给予你应有的支持,你可能对此十分愤怒,甚至感到反胃。很多人不仅要面对和伴侣父母的冲突,还不得不承受被伴侣抛弃和背叛的痛苦感受。

但请记住,现在是你们相互坦诚以对而非苛刻指责的时候,而且你需要在心里记住很重要的一点——你谈论的问题可是关于你伴侣父母的。你的伴侣可能经常在你面前抱怨自己的父母,因此你可能以为你们对他们抱有同样的看法。当然,你们的看法的确可能一致。

但你可能也见识到了,大部分人在父母受到批评时会选择维护父母,这算是亲子关系中一个最大的矛盾现象。你的伴侣会站在父母那边,即便这个攻击他/她父母的"别人"是你,即便他们对待他/她的方式和对待你一样问题重重,即便你对他们的批评是绝对中肯的。如果你继续批评你伴侣的父母,你伴侣内心深处的某些压抑的情绪便会被唤醒,而你的抱怨在他/她听来可能如同一种宣战。

你要表达的内容的确很重要,但你能否让伴侣站在你这边,也要看你说话的方式。在本章,我会一步一步教你如何向伴侣表达你的真实感受和诉求。接着我会教你如何应对伴侣的反应，避免他/她立刻进入防御模式，并真正地增进你们的感情。

找准时机

处理严重的关系问题就像表演喜剧或魔术，时机决定成败。为了找到被倾听和被理解的最佳时机——为了充分理解你伴侣的反应——请选择安静且能让人冷静的时间和地点。你可以借助常识做到这点。如果你的伴侣下班回来时压力巨大，或者因为被堵在路上一个小时而怒气冲冲，那就再等等。你和你伴侣父母的问题不会因为等待而发生质的变化，等几个小时还是几天不会有多大差别。你的伴侣并不是没有意识到你和他/她父母之间存在多少矛盾和冲突，只是迄今没有人知道该从哪里入手，有效地解决问题。

另外，不要想尽办法找借口推迟迈出这十分重要的一步。一遇到会让自己紧张的事情就拖延是人之常情。你可能会为自己的拖延找借口，觉得"我觉得我没有做好准备""我俩都太忙了""他/她已经知道我不开心了，为什么我还非要再和他/她强调一遍"或"现在事情有所好转了，我不想再生什么风波"。不论这类借口能让你暂时舒心多少，你都需要向自己承诺，你会在适应了新沟通技巧后的一周内和伴侣提起这个话题。

你了解你的伴侣，每天都和他/她生活在一起，知道他/她什么时候头脑清醒，最听得进你的话。也许你会提议出去走走，借机提出这个棘手的话题。也许你会选择一个慵懒的周日早晨，你们在床上读报纸的时候。尽可能减少他人的干扰。如果你们的孩子还小，可以选择他们睡着或是由亲戚照看的时候。

也许根本不存在所谓的"完美时机",所以不要等太久。你们可能都很忙,在生活中要完成很多任务、应对很大压力,但请向自己承诺,在接下来的一周找一个足够好的时机。我知道你害怕自己无法处理好问题,担心伴侣会对此做出消极反应。

但是,倘若你要面对的是一个讲道理的人,那么我能向你保证,寻找与伴侣谈话的时机和在生活中准备做出重要决定时一样,预想几乎总比实际情况糟糕得多。你和伴侣父母的问题严重影响了你和伴侣之间的感情和信任。等你终于可以直面这个问题时,你的自尊心会大增,压力也会骤减。

不合适的开场白

可能会让你惊讶的是,我希望你提出话题的时候不要用"我们需要谈谈"这句话开头。对大多数人来说,这是他们最害怕听到的。你的伴侣会害怕,可能是因为他/她预判你接下来的话会让他/她感到内疚,觉得自己做得不对或无能。一旦你的妻子或丈夫听到这句话,你几乎可以肯定他/她会这样想:"好吧,又来了。我这次又哪里不对了?我可不想听这些。"也许他/她目睹过许多以这句话开头的冲突最终以分手、激烈争吵等可怕的后果收场,于是心有余悸。

让我们尝试另一个方法。

合适的开场白

冷静、安静、不会带来威胁感,这就是你想要营造的氛围。你可以用以下的话打开你和伴侣的心扉，好好沟通。

"亲爱的，有一件事一直困扰着我，我真的需要你花点儿时间陪陪我。我们一起出去走走吧？"

"有些事让我感到很困扰。我需要你帮帮我。"

"我想和你坐下来，谈谈我们家里的一些事，你觉得现在合适吗？"

一旦你的伴侣同意认真聆听，你便可以要求他/她听你说完，不要打断你，并向他/她保证你会给他/她足够的时间对你的话做出回应。

我知道以上措辞听起来稍显正式，还有些矫揉造作，但这些例子的目的是引导你选择适合自己的话术框架。

开门见山：说出你的主要顾虑

现在你已经获得了伴侣的注意力。请深呼吸，花时间整理一下思路。以下四点能清晰和集中地表明你一直以来的主要顾虑，请围绕它们组织你的语言。

- 第一点：（你父亲/母亲的）这些行为让我很难受
- 第二点：这些行为让我有这样的感受
- 第三点：这个问题对我们的关系产生了这样的影响
- 第四点：从现在开始我需要你这样做

我们来逐一看看以上要点，以免落入情绪激烈的交谈中常见的陷阱。

第一点：这些行为让我很难受

这一点很容易做到，因为你要抱怨的内容对你的伴侣而言并不新鲜。他/她可能十分了解你在烦恼什么，虽然他/她对这一问题的看法与你的不同。即便有时你伴侣的父母在他/她面前对你和和气气，背着他/她却对你挑三拣四，你也可能早就告诉过伴侣问题所在了。

所以不要事无巨细、从头到尾地抱怨一遍，只需要从你的角度说明你伴侣的父母有哪些问题是最需要解决的。虽然你可能已经抱怨过很多次了，但作为迈向改变的第一步，还是要冷静地向伴侣强调最让你烦恼的事情是什么。

当然，在终于有机会倾诉的时候，你难免想要一吐为快，但还是要关注主要问题，尽量说得具体。像明确立场时那样简明扼要，避免笼统。

下面是几个表达不够明确的例子：

- 你爸简直要把我逼疯了。
- 你妈对我太差了，我再也受不了她了。
- 你爸妈总在找我麻烦。

下面是表达明确的例子：

- 你爸妈占用了我们太多时间。
- 你妈总是批评我的育儿方式。
- 你知道的，你爸妈完全不接受我，拒绝我进你们家。
- 你爸对我性骚扰。

只讲事实

前文提到的医生助理莎拉的婆婆克莱尔非要和夫妻俩一起过他们难

得的假期，不仅用钱利诱他们，还利用儿子德文的孝心要挟他们。莎拉告诉我，她认为是时候告诉德文这一切该结束了，德文必须认真考虑她提出的问题。度假问题是此时的重点，于是我建议她在跟德文谈时抓住这一点，不要扯其他问题，比如克莱尔曾经强迫她接受婚礼安排等其他控制狂表现，毕竟那是过去的事了。现在，克莱尔为了让他们顺着她，在继续给他们订机票，也在不断用其他经济手段诱惑他们。克莱尔所有的行为都没有恶意，但她过度干涉夫妻俩的生活，造成了儿子婚姻中许多不必要的冲突，乃至德文向父母提议夫妻俩去其他地方度假时还会感到十分内疚。

和我完成准备阶段的工作后，莎拉练习了学到的方法，直到认为自己有信心面对丈夫。接下来的一周，莎拉向我讲述了之后发生的事。

> 我们先找了一段两个人都心平气和的时间。我告诉他有些事情我需要他帮忙，之后我说的第一句话就是"你知道，每次我们准备度假的时候，你妈妈总会给我们施加很多压力"。说到这里，德文翻起了白眼，于是我提醒他，他答应了要好好听我说话。他说对不起，但我们之前聊过这个话题了。我说我知道，但我告诉他这次不一样了，因为我们要一起解决问题，而且我不会再生气和诉苦了。

德文以前屈服于母亲的要求时，莎拉与他的沟通方式往往是要么哭、要么生闷气、要么抱怨，但这次谈话是不一样的。她在比较两种沟通方式时特地说明了这非常重要的一点。因为这次她会冷静地表达自己的顾虑，表达对德文和她一起找解决办法的意愿，还会承认自己之前处理问题的方式不对，并主动承担责任。

针对第一点，你还可以在他们的行为前加上"当"，这样可以更好地把话题过渡到对你的感受的描述上。比如，前文提到马克的妻子达娜想将母亲从一段不幸的婚姻中拯救出来。马克和妻子的谈话是这样开始的:"当你妈希望你做她的婚姻咨询师……"或者,如果你伴侣的父母一直拒绝接受你,你可以这样开头:"你的父母对我很冷漠,特意告诉我他们不接受我的时候……"

完成第一个要点,你便开了一个好头,接下来要做好啃硬骨头的准备。

第二点:这些行为让我有这样的感受

向你的伴侣表达你的感受并非易事,但这对你们建立真正亲密的感情而言很重要,也是让他/她知道你与他/她感受不同的关键。

在前文中你已经看到,有些人的伴侣似乎不太了解,甚至完全不知道自己父母的行为对妻子/丈夫造成了什么影响。如我们所见,他们缺乏意识的原因之一是在成长过程中早已对父母这样的行为感到习惯,或者会下意识地对其进行辩解。但还有部分原因是,你没有找到合适的方式告诉他们你深受其困扰,于是他们可能没有意识到问题的严重性,而你却会感觉没人在意你的意见,你不被重视。

常见的感受都可以通过一两个词表达:快乐、悲伤、沮丧、愤怒、狂喜、无望、充满希望。但很多被有毒的伴侣父母困扰的人告诉我,他们的感受是"被伴侣背叛"。这个词用在你选择一起生活的人身上的确太重了,但让你的伴侣了解你的情绪状态才能最有效地确保他/她明白问题的严重性。

在表达负面情绪的同时,也要不断向你的伴侣强调你对他/她抱有的积极态度,而不是打着"消除误会、澄清事实"的旗号一味地散播敌意。很多以为自己在表达情绪的人表达的其实是观点。以下都是披着感受外皮的信念和观点:

- 我感觉你对我的需求不够重视。
- 我感觉你妈太霸道了。
- 我感觉你爸总是在贬低你。
- 我感觉你已经不爱我了。

很多人会采用以上表述，还以为这只是在宣泄情绪。但请注意，没有哪种感受叫"你妈太霸道了"，以上所有表述也都不算感受。只要在"我感觉"后面加上一个整句，你就已经离开了感受的范畴，开始表达观点了。这种说法本身没有对错，只是"我感觉"这样的话听起来和你之前的无效抱怨没什么区别，会模糊你想要传达的信息，弱化信息呈现出的效果：伴侣父母的所作所为让你多么难受。只要你的伴侣不是特别迟钝，他/她应该不难理解你的感受。他/她有能力认同你的感受，因为这些感受是共通的，是每个人都有的。你的情绪能感染到伴侣，让他/她感同身受。

确保你在表达感受而不是观点或信念的一个好方法是补全句子，比如"你忽视了我的需求的时候，我感到……"或"当你妈在其他人面前贬低我的时候，我感觉……"这样表达会让你养成精准了解自己感受的习惯，还能极大地改善你们沟通的效果。

我们再回到莎拉的案例上，因为她的话对很多人都有借鉴意义。

最开始的时候，我认为我已经在表达感受了。我求过他，大叫过，摔过门，还哭过。我以为我的情绪已经够明显了，我不知道我还应该说什么。但后来我意识到我只是在发泄，并没有给他他能理解的信息，而且这种行为反而让他不愿意听我说话了。所以我按照要点，平静地对他说我感觉很生气、被控制、很无力也很失望。我并不希望事情这样发展。我们必须做点儿什么来改变现状。

对着一张空椅子、一位信任的朋友或日记本的一页发泄情绪是可以的，但当你面对你的伴侣、尝试解决问题时，用你的情绪对他/她狂轰滥炸只会让他/她感到不堪重负与无助。

第三点：这个问题对我们的关系产生了这样的影响

和第一点不一样，第三点的内容可能真的出乎你伴侣的意料。有些伴侣很清楚你和自己父母的矛盾让这段婚姻关系很紧张，但其他人则很有可能否认或弱化父母的行为带来的影响，以此来为其辩解。他/她可能目睹过你在和自己父母发生冲突后哭泣或是生闷气，你也可能请求过他/她看在你的分上做些什么，但他/她可能仍会把问题归咎于你过度敏感或是小题大做。如果情况如此，那么他/她可能没有意识到这一问题对你们的婚姻有多大的影响。而且因为他/她对问题也有自己的主观看法，所以"在他/她看来"你和他/她父母的关系并没有那么糟糕。

基于以上原因，确保你的伴侣清楚问题的严重性十分重要。先从你们之间的美好记忆开始展开话题，毕竟良药也要裹上糖衣；之后再说明你对你们婚姻的顾虑。以下是我和书中提到的某些咨询者共同想好的说法，供你参考：

- 我很爱你，但你应该没有意识到我和你父母之间的问题让我多难过。
- 我们的婚姻中不乏美好的事物，但我和你父母之间的问题已经开始影响这些美好了。
- 我想你应该不知道有多少次我曾认真考虑要离开你，因为这是我能想到的远离他们的唯一方式，所以我们一起来想想有没有更好的解决办法吧。
- 我爱你，也希望我们的婚姻继续，但是对我和你父母之间的问题，你的处理方式让我逐渐失去了对你的尊重。我们一起来想想办法吧。

温和的方法

莎拉告诉我，思考第三点要怎么展开花了她不少工夫。

> 我对他的尊重几乎丧失殆尽，但我不想以一种会伤他心的方式说出来，所以一开始我很纠结到底该怎么说。我最后想到的方法是不说得那么直白，但至少让他知道我们的婚姻因此出现了问题。我对他说："你知道我们的婚姻是这个世界上我最珍视的东西。我会尽我所能保护好这段关系，但我担心你总向你妈让步会影响到你，也会影响到我——而且目前我似乎对此无能为力。如果你害怕拒绝你妈，请记住，我在这里陪着你，我完全站在你这边。但有时候我并不认为你是完全站在我这边的，因为对你而言我想怎么度假比不过你妈想怎么安排我们，这让我很难过，也动摇了我对你的信任。"

莎拉很聪明地以一种有爱的方式向德文说明了问题，既没有对德文发泄怒火，也没有让德文感觉自己是个懦夫。她只是以一种温和的方式让德文知道必须做出改变，并表示希望丈夫能成为她的盟友，也向丈夫做出了支持他的承诺。同时，她只围绕一个话题表明自己的看法，而不是记流水账般把所有与克莱尔的不愉快通通说一遍。

第四点：从现在开始我需要你这样做

在开车去上班的路上，或是夜里在床上辗转反侧的时候，你早就想过希望伴侣怎么帮忙解决问题了，"要是他/她……就好了。"——一切都会好得多。

第四点可能是四个要点中最重要的一点。现在，你开始要求伴侣迈出通往心理独立的重要一步，并观察他/她是否有意愿和能力完成心理独立。

你需要明确提出你的需求，否则你的伴侣会很迷茫。请提出切实可行的要求，不要用你明知道太过分的要求让他/她无从下手。可以先从一件你伴侣能完成的事情入手，开始改善问题。

语气坚定地表达你的要求，但不要带有威胁的意味。以下是几个温和、清楚地说明需求的例子：

- 我希望你告诉他们……（我无法接受那样的话/我们会自己决定怎么带孩子/你不会任由他们如此挑剔我的外表）。
- 如果你能……就好了（尝试从我的角度看问题/意识到对他们的行为我和你的反应不一样/在我对他们的批评或羞辱做出正常反应时不要再说是我太敏感）。
- 如果你能……，我会很开心的（在他们在我背后说我坏话时制止他们/偶尔也告诉我我说得没错/告诉我对你来说我的感受至少和他们的一样重要/让他们知道你和我是站在一起的）。
- 如果你能……，我会认为自己得到了认同和重视（告诉他们我是你们家的一部分，我和你也有属于自己的家庭/让他们知道他们正在伤害一个你爱的人，如果继续这么做是要承担后果的）。

表达自己的诉求时请记住，要避免使用辱骂和贬低对方的措辞：

- 我希望你能像个大人一样。
- 我希望你有点儿种。

- 我希望你不要再做缩头乌龟了。
- 我希望你同意我说的，他们为人确实不行。
- 如果他们还对我这么刻薄，我希望你别再见他们了。

学以致用

莎拉一开始表明的立场帮助她从容地达到了自己的目的。

> 我愿意忽略克莱尔过去做的事情，但是我不愿意继续让她决定我们假期要在哪里过。几个月后我们又要决定去哪里度假了，所以我需要你告诉她我们已经计划好了，我们要去夏威夷。如果她又要闹——她大概率会的——我需要你向我保证你这次不会再妥协了。

不少人可能会难以理解，为什么告诉母亲你要和自己的妻子单独度个假有这么难，毕竟，莎拉对德文的要求看起来真的不高。但是，德文一直以来都承担着照顾母亲情绪的的责任，所以这对他而言并不是小事一桩，挑战高到像第一次尝试跳伞一样。

达到你的平衡

想在表达你的情绪和需求和让你的伴侣理解你是想拉近彼此的距离而非推开他/她之间找到平衡需要一定的时间。思考一下你想说什么，然后对着一面镜子、伴侣的一张照片或其他什么都行，大声说出你的诉求，直到你熟悉了这番话并能在一定程度上轻松地表达为止。这个时候你需要成为一名艺术家,清楚地向你的伴侣描绘出你的需求,让他/她轻松地明白你的意思,而不是进入防御模式。

在这个关键节点上,你要做的就是避免扮演心理治疗师或是母亲的角色,也不要站在道德制高点。避免这个问题的一个好方法就是告诉你的伴侣你已经进行了深刻的自我反思,而且愿意为自己的问题承担责任。这样做的目的是让你的伴侣知道你愿意和他/她一起努力解决问题,而不是摆出一副居高临下的姿态。

让你的伴侣知道你愿意一起努力解决问题的另一个关键是认真聆听他/她如何进行回应和沟通。你现在已经打开了双向沟通的渠道,需要密切关注对方给你的反馈。

第十三章 应对伴侣的反应

在最理想的情况下，你的伴侣对你说的话应该持开放、支持的态度，如果是这样，那么你会听到这样的话：

- 这个问题也让我感到痛苦，我们怎样才能一起解决这个问题呢？
- 对不起，我没有意识到你有这么难受，我能帮上什么忙吗？
- 我知道我很早之前就该着手解决这个问题了，让我们一起想出最好的解决办法吧。

你当然想听到这样的话。如此一来，你可以认为你们在同一战线上了，还能形成优势互补的局面——你掌握了一整套新技巧和策略，而你的伴侣十分了解自己的父母。

如果你的伴侣听完你的话以后并不愿意做出改变，那么你会听到这样的话：

- 我同意你说的，的确有问题存在，但我不知道该怎么办。
- 你是对的，但是要我和我爸妈明说，这对我可太难了。
- 你说的是没错，但你爸妈呢？他们也没有多好吧。

以上回应表明你的伴侣感到焦急和忧虑，陷入了不知所措的境地，于是为了回避问题和搅浑水，只好扯其他问题分散你的注意力。但在你的鼓励下，你的伴侣还是很有可能受到触动，采取更积极的措施。你能做的最好的事就是和伴侣一起阅读本书。同样，请给他/她足够的时间。当然，如果每个人的伴侣都能在一夜之间就和父母解决几乎积攒了一辈子的问题就太好了，但这基本是不可能的。变化是一个过程，而你只需要确保这个过程已经开始。

当你的伴侣拒不合作

以下是你不愿听到的反馈：

- 我绝不可能任由你毁了所有人的心情。
- 别人的爸妈也是这样的，你忍着点儿就好了。
- 你又在夸大其词了。
- 问题出在你身上。是你反应过激/太敏感/自己的父母不好，所以你以为其他人的父母也有问题。
- 我不想讨论这个话题。你如果不高兴，就自己去解决。
- 这是你的问题，不是我的。我和他们相处得挺好的。

我知道这一类反馈会深深地打击到你，但请别放弃。你已经知道，你的伴侣和父母之间的关系越紧密，他/她就越不愿意惹他们不高兴。不论你伴侣的反应属于上述哪一类，请记住他/她最初的态度未必能持续到最后。你的伴侣需要一些时间去消化你的话，而且他/她的反应可能会变，甚至会发生颠覆。我就亲眼见过一开始确实很难被说动，但一小段时间过后还是变得愿意积极解决问题的人。但不论你的伴侣对你掌握的新技巧做何反应，你要做的就是赶快找到并坚定自己的立场，不要再被绕回事情的原点。

提示：如果你害怕你的伴侣会发怒，而且一直以来你如履薄冰就是为了避免惹他/她生气，那么你应该把和伴侣父母的矛盾等问题放在一边，先解决和伴侣的问题。如果你每次想到要和伴侣就某个重要问题正面交锋时胃部都会翻搅，以及对方经常大发雷霆、大喊大叫甚至有更严重行为的倾向，那么无论你和伴侣父母的矛盾有多严重，也要先把它放在一边，尽快想办法改善你和伴侣之间的关系，或是问问自己为什么要和一个让你恐惧的人在一起。

有爱但坚定的表态

莎拉告诉我，德文从一开始很不情愿顺从她的要求，但他很敏感地意识到，要是他继续向母亲妥协，他的婚姻问题只会更严重。

尽管有了意识上的转变，德文还是很抗拒在母亲克莱尔面前坚定自己的立场。一开始，他问莎拉能不能由她来应付克莱尔。

> 他说他觉得自己像个战战兢兢的孩子，这让他无地自容。我拥抱着他说："我知道这对你来说并不容易，但我们可以一起努力摆脱她强加给你的内疚感。德文，我知道，有很多人跟伴侣父母的矛盾比我的严重多了，但解决这个问题对我而言真的很重要。我需要看到你是个独立于你母亲的成年人，看到你站在我这边。"

莎拉用温柔的方式告诉德文，他也需要参与到解决问题的过程中。于是，尽管德文很焦虑，他还是告诉母亲，他们的假期已经另有安排了。不出所料，克莱尔很失望，而且故技重施，尝试了所有以前能让德文让步的方法，而这正到了考验德文的关键时刻。

我想从德文口中听到他是如何应对这一关键时刻的，于是我让莎拉邀请德文来参加一次咨询。

德文一开始有些忐忑，毕竟我了解他和他母亲的过往，他担心我把他看成一个彻头彻尾的胆小鬼。我告诉他，我更关心他是怎么和母亲处理这个问题的。

他说：

> 我做出的第一个改变就是打电话给她，而不是等她打给我。以前她打来的时候我会很紧张。就这一件小事都足以让我更有控场的感觉了。接着，她感到难过的时候，我意识到我必须做出选择——确定我到底看重什么。这么多年来，我一直把我妈的想法放在第一位，但我知道我如果继续这样做，会让我在世界上最爱的人伤心和失望。我问自己，怎样做才是有益的、正确的？接着我想，好吧，如果我让我妈失望了，她会自己消化的。她的现任丈夫挺不错的，她也有自己的生活——为什么我还要求自己必须为她的幸福负责呢？但如果我让莎拉难过了，就再一次损害了我们之间的感情。我不想冒这个险。我知道莎拉不会让我一个人面对这个问题，但是我希望她尊重我，并且把我当成她的依靠，这不就是婚姻的意义所在吗？莎拉一直是我的依靠，而在其他事情上，我也是她的。可一到我妈这儿，我就变成了个软蛋，不，不对——那是以前。莎拉教给我一些非防御性沟通的技巧，于是我妈发现自己这次不能得逞以后，我就说："我知道你现在不好受，我很遗憾。也许我们可以约在感恩节的时候见面。"我对她说我爱她，很快会再给她打电话，接着我就心脏病发了——不，我开玩笑的。不过当时确实没有我现在说得这么轻松。

莎拉聪明地意识到，德文即便现在愿意采取行动，也不可能在弹指间完成重大的行为转变，或是一夜之间奇迹般地掌握高超的沟通技巧，于是莎拉给了他一点儿帮助。像莎拉一样给伴侣提供和父母沟通的话术是很重要的。你如果能清楚地告诉你的伴侣你需要他/她做什么，以及帮他/她找到合适的沟通方式，会给你伴侣提供极大的帮助。

我赞赏了德文沟通中开放、关爱的态度，以及他对这个问题出色的处理方式。诚然，如果每个人的伴侣都如德文一般能积极地拥抱变化就太美好了，但即便你的伴侣做不到这一点，你还是有很多方法。

层层推进话题

第六章中提到的在医学院做行政的南希面临的问题比莎拉的情况严重得多。南希嫁入了一个富裕、显赫的家族，但公婆不接受她。他们为了惩罚儿子汉克，甚至直接断绝了和他的关系。南希不确定按照四个要点和汉克摊牌以后会发生什么，但其他方法好像又不奏效。

南希说她已经和汉克认真谈过了。汉克一开始十分不情愿再次开启这个话题，但南希还是坚持说了下去。

> 一开始他说他不想谈这个，我告诉他必须谈——我说我们对这个问题避而不谈太久了，但它在我们生活中太重要了，我不打算继续忽视它。还算开了个好头吧？

我对南希说，这不是还算好，而是非常好。对方不愿意谈某个话题时，你其实很难坚持说服他/她。大多数人在对方表示抗拒后就会放弃，因为不希望自己看起来咄咄逼人。但南希提醒汉克，告诉他一切不是由他说了算的,而且事到如今他们已经别无选择,只能着手解决问题。

一开始,我就说我知道他爸妈在情感上跟他断绝关系让他很难过。虽然他很爱我,但他心里多少还是怨我,把这件事怪在我头上……我告诉他,这让我感到很委屈、很生气,因为是他爸妈不愿意见我们,他们要为自己的选择负责。我告诉他,他父母对我的拒绝也让我感到痛苦和迷茫,我感觉我什么坏事也没做,就要接受他们的惩罚。但最糟糕的是他撒在我身上的怨气已经影响到我们的婚姻,我经常觉得撑不下去,想要放弃。接着我说:"我希望你不要再因为这件事怨我了,也就是不要再生闷气,不要再在有人提到他们的时候摔门走人,不要再因为这件事对我冷暴力。这是唯一能挽救我们婚姻的机会,也是唯一能让你最终和你爸妈和好的机会,你能答应我吗?"

南希本可以给汉克下最后通牒,本可以威胁或要求他行动。可恰恰相反,她看清了现实,意识到这些行为只会让两人的关系更紧张。

有舍才有得

汉克告诉南希,他知道事情不能再这样下去了——毕竟每个人都不开心,也没有人真的如愿以偿。他和父母疏远了,他把伤心和愤怒发泄在了南希身上,而南希因此遭受了双倍的惩罚和拒绝。汉克说他越是想解决这个问题,就越感到无助和没有方向,但他很愿意听取建议,只是不知道该如何打破僵局。

于是南希便开动脑筋了。她想到了一个既能让汉克和父母相处,又能让自己保有尊严的办法。

> 我告诉他,我有一个想法挺久了,应该能让他和父母在不涉及我的情况下产生一些联系。这对他自然很有吸引力。于是我说:"是这样,我们也不是总要待在一起。我不想出现在他们面前,他们也不想出现在我面前,但这并不代表你不能自己去见他们——甚至去跟他们度假。我当然想和你一起度假,但我知道你也想念你的家人。我答应你不会因为你单独去找他们而怪你,只要你答应我你也不会因为他们和你断绝关系而怪我。"

南希聪明地意识到,要让汉克同意改变行为,她需要答应汉克一些条件作为交换。这样的条件交换在商讨难题时十分有用。此时,你并不只是提出要求,还提供了商量的筹码,于是每一方都能达成自己的一部分目的。南希给汉克提供了一个好点子,于是汉克终于有所选择,而不再陷在两难的境地踌躇不前。

接下来的发展十分有趣。汉克的确和父母渐渐有了联系,但几周后,他并没有为事情的转机感到高兴,反而发现自己很排斥这种虚假的亲情。他受够了在父母面前表现得小心翼翼,也深刻感受到南希的善意和父母的顽固不化、自以为是之间的落差。他主动做出决定:如果父母继续拒绝南希,那么他会站在南希这边。于是,他告诉父母,他们今后的来往必须建立在接受南希的基础上。他的父母最终不情不愿地答应了这个要求。

> 我丈夫在过去这几个月里成长了不少。他被逼到了一个艰难的境地,我也是。但我不会再责怪他了。他太年轻,满怀天真,不想伤害任何人。因为他父母对我的伤害,他对他们的态度现在已经

变了不少。对我来说，那次得知只有汉克被邀请去参加他们的结婚纪念日聚会后，我终于不再幻想他父母有一天会接受我。但你知道吗，我告诉汉克他可以自己去，他最后却决定不去了。我们给他家人寄了一张贺卡，签上我俩的名字，然后一起出去吃晚饭，度过了一个愉快的夜晚。

汉克和父母的关系可能会变好，也可能会恶化。这无法预料。但他的父母没法再操纵一切了。汉克知道自己看重什么，也会继续和父母定好界线。汉克和南希的婚姻现在牢固了许多，而且就算再出现问题，他们也有新的应对方法了。

"站在我这边"

史蒂夫在实践新应对方法时着实遇到了困难。他告诉妻子安德烈娅他们不能再无休止地接济她父亲斯坦时，安德烈娅哭着苦苦哀求他，说他不能这么"不近人情"。虽然很艰难，但史蒂夫还是坚守了自己的立场。

我妻子发现像以往那样求我没用以后，说她知道这次我是认真的了。她说："我就是没办法拒绝他。不论我说什么、做什么都没有用，而且我真的不想看到他知道我厌烦他的时候脸上那受伤的表情。我不希望你觉得我把你一个人推出去面对他，但他只能由你来拒绝。我太了解自己了，只要他开口，我肯定会搞砸，可能会马上拿出支票本。"所以我该怎么办呢？

我告诉史蒂夫,看起来他好像必须自己出面拒绝斯坦。但在这之前,他需要和妻子约法三章,让她答应以下条件:

1. 她会支持丈夫的计划,让斯坦知道夫妻俩不会再接济他了。
2. 她不会拖史蒂夫的后腿,对父母说"这是史蒂夫的主意,不是我的"或者"这件事我一点儿也不知道"。
3. 她不会背着史蒂夫偷偷给父母钱。

史蒂夫说:"她说她知道这是正确的也是最好的做法。她最后同意了我提出的条件。这对她来说并不容易,但我知道是她目前能做到的极限了。我需要接受这个现实。"

史蒂夫认识到,即便你对伴侣满怀希望,为他们提供了好点子和好计划,也不是所有人都能如你所愿地鼓起足够的勇气。原生家庭的问题通常有很深的历史渊源,随之而来的恐惧也深入骨血。你对伴侣的要求可能会触及他/她的痛点,引发愤怒、固执或否认的反应。伴侣的这些消极反应可能不会让你感到惊讶,毕竟你十分了解对方的弱点是什么。如果你的伴侣无法主动和你一起改善其父母对你们生活的影响,那么你至少要让他/她答应不会插手或是阻挠你独自解决问题。

请记住,你很强大

第一章中提到的平面设计师安妮的情况和史蒂夫的很类似。她觉得婆婆言语刻薄、热衷打击人。她的丈夫乔对此没有异议,但是不知为何,乔总觉得问题出在安妮身上,而且是她完全可以自己解决的。安妮要求乔和他母亲谈一谈时,乔拒绝了。

> 我总会陷入一种怨妇心态。为什么我丈夫没有勇气挑战他母亲？为什么我必须一个人解决这个问题？但之后我照你说的做了，只关注对我而言最重要的问题，就是让他母亲停止对我的无理攻击。至少乔同意在这件事上保持中立。我希望他帮我解决这个问题吗？当然希望！可就算他做不到，他从其他很多方面看还是一个很不错的人，而且我可以把这当作一次提升自信的机会。

安妮做出的妥协当然不是最理想的，但也足够解决问题了。我对她说："你已经长大了，真的不需要别人来为你解决自己的问题了。你已经掌握了应对你婆婆时需要的所有技巧。我很开心你把这件事看作机会而不是灾难。"

我知道，你像史蒂夫和安妮一样，也希望伴侣能积极地支持你，但如果你在尝试以后发现这不太可能的话，你还是能独自采取一些措施的。你只需要确保伴侣不会在你和他/她父母对质、设定界线、谈条件时拆你的台就够了。

碰壁的情况

我们已经看到了许多伴侣做出的反应，有积极的，也有抗拒的，但至少他们帮上了忙，即便有人的贡献并不大。但如果在你提出要改善情况后，伴侣给你的回应是一句大声的"不"，你该怎么办呢？

在这种情况中，我知道的最为抗拒的伴侣当属莱斯莉的丈夫汤米。

> 每次他感觉到我打算跟他聊聊他父母的时候，他就会在那一刻找出300件必须立刻做的事，所以我总是找不到机会让他坐下来好

好谈谈这个问题。但之后发生的一件事让我觉得再也没办法拖下去了——我的公婆吉娜和萨尔竟然说我偷了公司的钱！那时候我就知道我不能再忍了。于是几天前的晚上，我和他做爱后躺在床上时，我提起了这件事。当时的气氛很舒适、很亲密，于是我就豁出去了。我先对他说我有多爱他，但他父母的控制欲和对我不断的侮辱真的很影响我们的感情。我开始告诉他这件事让我有什么感受。这时，他突然跳下床，穿上睡袍，到起居室看电视去了。我跟过去，坐在他旁边，告诉他我们不能再逃避问题了，而且我确信我们可以一起找到解决办法。但他不听我说话，反而抓着我的肩膀说："不行，我不许你跟他们说这个！你会毁掉一切的！你会惹麻烦，让情况更糟糕！"

汤米的话纯属无稽之谈。他和莱斯莉的问题已经很严重了，我不知道还能怎么恶化。但汤米的反应证明了他有多害怕。莱斯莉继续道：

接着他又开始那番"他们是我爸妈，我能有现在的一切都要感谢他们"的陈词滥调。他说："你挺喜欢你那辆白色雷克萨斯的吧，不是靠他们你也买不起吧？""汤米，"我说，"这也太可笑了吧？我是因为努力工作才买下这辆车的，而且别忘了，我还拿了一些认识你之前存的钱补贴家用。"——这时我意识到我被他带跑了，而且我不该和他争论，不该进入防御模式。

当你们之间的气氛紧张起来时，你很容易忘记组织好的语言。如果讨论变成了争论，请尽快回到商量的正轨上。但即便当时莱斯莉将话题拉回正轨，我也不确定她能否改变局面。在汤米这儿，莱斯莉碰壁了。

艰难的抉择

我告诉莱斯莉,她只有三个选择——每个人在陷入这样的困局时都只有以下三个选择:

- 她可以接受现状,无所作为(当然,这样很痛苦)。
- 她可以和伴侣商量,看如何做出改变(但这看起来好像没什么用)。
- 她可以结束她的婚姻。

关于第一点,我当然不认为任由公婆干涉、控制夫妻俩的私人生活和工作是个好选择。我同样也不希望她只能靠和汤米离婚来解决婆媳关系问题,但渐渐地,离婚似乎成了不得不考虑的选择。毕竟沟通这条路已经走不通了,汤米听不进莱斯莉的任何话,因此她完全不能指望他考虑换个方式应对父母。

没时间做游戏了

我永远不建议用离婚来抬高谈判的筹码或是操控伴侣。这不是游戏,我们的目标也不是威胁或是压倒对方。

但汤米的所作所为让莱斯莉别无选择。在他心中最重要的事是不让父母失望。没有婚姻能在这种毁灭性的状况中延续。

现实不断地提醒莱斯莉,她的婚姻已经摇摇欲坠。她得到的只有汤米的不合作和拒绝帮助,而且最糟糕的是,汤米不允许她改变现状。最终,她伤心欲绝地通知汤米,她准备申请离婚。

> 我记得你在"个人权利法案"中提到的第一条权利——我有权

保障自己的身心健康。我一直没有很好地行使这项权利，但我不会再这样了。我这周找了律师，从家里搬出来，住进了公寓。当然，我痛不欲生，但我必须保持理智。这个时候就算要做什么改变，也得是汤米主动来做。他每晚都打电话过来，我告诉他等着收离婚文件吧。他真的很痛苦，说他爸妈总是打击他，说他是有多蠢才会和我结婚，我离开他恰好证明他们是对的——我完全不适合他，融入不了他们家。他们让他挺直腰杆，不要再求我回去。

　　昨晚我告诉他，我不想再听他说这些了。他如果没有做好把丈夫的身份摆在儿子的身份之前的准备，就别再给我打电话了。只有他同意接受咨询，我才会考虑搬回去。有什么意义呢？他可能会听我的，好好表现几天，接着又开始一天工作14个小时，而一旦他亲爱的爸妈需要他做什么，他就会随叫随到，把我抛到一边。不用了，谢谢。

　　你可能会像莱斯莉一样，为了自己的身心健康，不得不终止和汤米这种比起失去你更怕让父母失望的人的婚姻。我知道做出这个决定让人很痛苦，只有在尝试其他办法都无果的时候才能走这最后一步。如果你真的想要走这一步，比较一下保持现状、维系婚姻和结束关系的代价分别有多大，在权衡利弊后再做决定。尽管心情沉重，但只有这样你才能头脑清醒、思路清晰地采取接下来的行动。

出人意料的结果

　　莱斯莉已经尽力尝试了所有的办法，努力劝说过汤米，但收效甚微。如果婚姻中的一方阻碍这段关系良性发展，那么婚姻根本无法继续。但人类是捉摸不透的生物，而且有时候你认定说不通、变不了的人会颠覆你的认知。

莱斯莉的勇气和自我保护的行为变成了汤米敞开心扉的催化剂。

> 他打电话说，直到失去我以后，他才意识到我对他多么重要。他说他从来没有感受过这样的绝望，说觉得自己像个傻瓜，希望现在挽回还来得及。他发誓他会做出改变，而且如果我愿意的话，他已经做好准备和我一起接受咨询了。

如果汤米言行一致，他的表态还是带来了希望的曙光。我告诉莱斯莉，我会给他们两人一起提供几次咨询来解决迫在眉睫的婚姻危机，而之后我会让汤米去找一位同事，因为他自身也有很多问题需要解决。而这样也能让我继续帮莱斯莉变得更坚强，并一起解决她和自己父母之间的一些问题。

事情会如何发展呢？令我们惊讶的是，接受了大约两个月的单独咨询后，汤米决定自己创业，并和父母至少一年不来往。我最近听到的消息是，他的新公司运营得不错，他的婚姻状况也有所好转。

当离婚成为最好的选择

诚然，不是所有人的伴侣都会像汤米一样想通，也不是每段婚姻都经得住这样的考验。实际上，有时候你的离婚威胁只会让你的伴侣和父母的关系更紧密，而你伴侣的父母可能会采取和汤米父母一样的伎俩，用你的离婚要求来证明你不够稳重或配不上你的伴侣；为了让你的伴侣同意他们的看法，他们还会把一切错误都推给你。

如果你遇到了这样的情况，请千万不要责怪自己。如果你忍受不了现状，而且已经竭尽所能去改变，并试过了我教给你的方法，却没有丝毫进展，那么有问题的是你的伴侣及其父母而不是你。在这种情况下，离开可能是你能做的最正确的决定。

婚姻需要两个人来维系，需要双方都有直面困境、协作解决问题的意愿。你无法单方面拯救你的婚姻。大多数人会发现自己的伴侣就算不会全力合作，至少也愿意提供一些帮助，以促进你和自己父母关系的改善——哪怕是用看似简单的表示告诉你他/她重视你的感受，在你单独和他/她父母解决问题时同意不添乱。

过去的重要性

你的伴侣能做出的巨大贡献就是把他/她对自己父母的了解告诉你。正如霍莉和普雷斯顿的例子所示，你伴侣的原生家庭的历史能为你提供宝贵的信息，让你更了解情况。掌握伴侣父母过去的信息能达成以下效果：你会明白他们的行为其实和你关系不大甚至毫无关系，而你的伴侣会明白导致自己父母行为的原因往往不像他们声称自己的那些，而更多的是他们自己的人生中从来没能解开的心结。这样一来，在你准备独自或和伴侣一起面对他/她的父母时，他们看起来会更脆弱、更有人性，也就没有那么可怕了。

第十四章 迈出最后一步

有毒的伴侣父母给你的生活造成了巨大的麻烦，而现在到了最后一步：你想直接告诉他们这个事实。当然，会出现很多不同的情况。有人会在伴侣的支持下承担主要沟通者的责任，而有的伴侣则愿意做主动沟通的那个。你们可能会找一个特定的时间点和他们谈话，或者在出现需要回应的问题时自然而然地和他们摊牌。有的伴侣父母只是让你感到厌烦，没有造成实质性伤害，而另一些的行为则损害了你们婚姻的根基。

但有一点对所有人而言都是成立的：你不再处于劣势了。你不知道该用什么话或行动应对他们的日子早就过去了。我知道你还是害怕做出改变，或是与对你的生活有很大影响力的人正面交锋，但你应该已经从目前完成的练习中认识到，战胜恐惧后，你会迎来积极的变化。

他们可能会给你惊喜

你伴侣的父母很有可能认为你不如他们成熟、睿智、阅历丰富，因此不认为你说的话有多重要。即便如此，你还是要对他们保持礼貌，尽管这很难——你可以给他们做个榜样。主要谈谈他们的哪些行为影响了你，而不要提他们的性格、信仰、政治理念、品味或并没有侵犯你权利的行为。

你伴侣的父母是有可能给你带来惊喜的。就算对此存疑，也不要放弃希望。他们中有的人其实年纪不大——也许比你大不了多少——就算年纪很大,也有可能接受过高等教育、拥有专业技能、头脑精明或阅历丰富,而不像漫画中典型的公婆/岳父母那样守旧、落伍。他们可能比你想象中更容易接受新鲜事物。当然,事情会怎样不好说,但你也只有在勇敢地告诉他们你的感受和诉求以后才会知道。

他们没有恶意的情况

对那些行为不太过分的伴侣父母,你需要思考在他们下次出现问题时做出反应。当你听到预示着他们将开始下一轮问题行为的字眼时,先做深呼吸,然后指出他们行为的不当之处,告诉他们这样的行为让你有何感受,请他们停止。你需要准备一些简单的话术,在出现问题时能立刻用到。请表明你的立场,设定好界线,并避免进入防御模式。

在需要的时候重复以上做法。尽可能多使用你刚学到的沟通技巧。你可能要多尝试几次才能感受到改变,但是贵在坚持。伴侣父母不请自来的干预、对你的负面评价或苛刻批评只需要一点点就能让你们的关系变得十分紧张,但幸运的是,你也不需要做太多就能解决这些问题。

给他们台阶下

前文提到的丽塔在生下第一个孩子后便受到了婆婆薇薇安对她育儿方式的批评和干预。丽塔得出的结论是:薇薇安虽然确实烦人,但没有恶意。于是她决定在薇薇安下一次批评她的时候用新的方式回应。丽塔是这样向我描述的:

一开始，我本来想说"需要你的建议的时候，我会问你的"，但我想到其实还有更好的说法。我想起了我们做过的练习，还有之前自我肯定训练课上学到的一句话。前几天，她来我们家，又开始给我看关于母乳喂养好处的文章。于是我说："薇薇安，你可能没有意识到，你主动给我提的很多建议都让我觉得像在批评我。"

丽塔开了一个很好的头。她指出了薇薇安可能没有意识到的一点：自己大部分"随口一说"的话到底有多伤人。丽塔没有责怪薇薇安，反而表现得很大方。她给了薇薇安一个台阶下，而不是提出某些会导致薇薇安矢口否认"我没有"的指责。

许多并没有恶意的伴侣父母可能完全没有意识到他们对你的评价给你带来的影响，尤其在你从来没有告诉过他们的情况下。你需要直面问题，问问你自己："这些行为是不是他们本身的习惯？"比如，你伴侣的父母是不是本身就爱批评人、显摆自己的知识或是过度占用别人的时间？如果这些恼人的行为似乎只是无心之过或太自我中心导致的，而不是因为处心积虑地针对你，那么你可能只需要指出这些行为的问题并设定规则和界线。这就好比对付一只蚊子时只需要用到苍蝇拍而不是大炮。你只需要像丽塔这样温和地干预，就可能迅速地或在一段时间内扫清大部分问题。

你也可以这样说：

- 我很感谢你的帮助，但这并不代表我可以忽略你对我的批评或负面评价。
- 爸，你又开始指手画脚了。记得吗，你答应过尽量不这么做的。
- 妈，你经常叫我们一起参加你们的活动，没问题，但这周末我们有其他安排。

别害怕展现你的脆弱

告诉薇薇安她的哪些行为不合理后,丽塔接下来做了件很勇敢的事。

我对她说:"你知道吗,我本来对能不能带好孩子就没有自信,你对我这方面的批评只会让我觉得自己更没用。"这种话真难以启齿,因为我不确定我是不是应该向她示弱。但我认为,我们中总得有一个人坦诚。我说:"我知道在带孩子这方面你很有经验,但我希望你在我开口问你以后再给我支招。"

我想再次强调,在多数情况下,你是不会对像薇薇安这样的婆婆暴露你的恐惧和不安,从而让自己处于弱势的。然而,丽塔通过让薇薇安看到自己某些弱点的方式另辟蹊径,让两个人进入了沟通的新境界。虽然无法保证伴侣的父母一定会走进你打开的门,但如果你连门都不为他们打开,那么你们注定只能让关系停留在表面,永远无法坦诚相待。

而薇薇安确实走进了丽塔打开的这扇门:

一开始,她有些生气,接着又是老一套说辞"我只是想帮你",但之后她停下来,叹了口气,说:"我看你带小孩手忙脚乱的,就想着别让你从头开始走弯路,直接套我的经验就行。我本意是想让你方便点儿,结果可能把事情搞砸了。我本来都决定不插手,别管这管那的,结果还是做了这样的事啊。"我觉得这样的结果非常好了。虽然不完美,但至少我和她见面时不会那么紧张了——谁知道呢?——过几天我可能就主动问她什么事该怎么办了。

合适的沟通环境很重要

面对丽塔温和的坦白，薇薇安的应对是成熟的，因此丽塔完全不需要和薇薇安特地开展一个正式会谈来声明许多基本原则了。我希望大家都能如此幸运，但很明显，很多伴侣父母并不属于"烦人但没有恶意"这一类。

你伴侣的父母越难应对，你的处境越艰难，你便越需要安排一个合理的时间和地点跟他们谈谈。你应该尽可能清楚扼要地指出问题，获得尽可能多的支持，并从中受益。

如果你已经决定要提前规划这次谈话，以下几点可以帮你营造合适的氛围，让你尽可能感到自在，并确保对方听你说话，当然最好的是听进去。

- 不要用打电话的形式进行这次谈话。电话是一种缺乏人情味的沟通方式，而且除了语言交流，你也需要和他们进行眼神、肢体方面的沟通。另外，打电话为你伴侣的父母提供了一个逃避谈话的契机。他们如果生气了，不想听你说话，就会直接挂掉电话。这样反而让气氛更紧张，而且什么问题也没有解决。
- 不要在餐馆等公共场合进行这次谈话。这种环境容易让人分心，谈话容易被打断，而且如果交流中有人发火或争吵，你会感到尴尬，并会因为打扰到其他人而内疚。
- 在你自己的地盘见他们。在你的家或公寓等能够反映你独力创造的生活的场所进行这次谈话，能够有力地向他们证明你的独立和自主性。你如果住在外地，需要在看望他们的时候进行这次谈话，就让他们去你住的酒店。
- 清楚地说明你需要伴侣的父母改变哪些行为，表明你的立场，设定好界线，并采用非防御性沟通技巧，让他们知道你不能接受的到底是什么。坚守你的立场，不论他们给你的回应有多消极。
- 把年纪小的孩子送去给临时保姆或亲戚照顾，并关闭手机。

发出邀请的方式

如果你的伴侣能主动支持你，这当然能让你和他/她父母的谈话容易许多。你们可能想事先商量好谁来主导谈话，但这一点其实无所谓。你的伴侣可能认为由自己来开始沟通、主导发言很重要，你也可以决定由你来开启话题。

一旦决定了要和伴侣的父母进行这次谈话，你可以这样发出邀请："我/我们需要和你/你们聊一聊，我/我们想知道你/你们什么时候方便。"

如果他们问你要谈什么，或是向你施压，希望你透露更多细节，那么就告诉他们你审慎地思考这件事很久了，面对面交谈会有更好的效果。保持冷静、不带威胁的语气，强调这次谈话很重要，对你和你的伴侣都意义重大。如果你的伴侣愿意做那个向他们发出邀请的人就再好不过了。

如果你的伴侣（或你）很害怕面对面交流，那么写信也是不错的选择。对情绪不稳定或有暴力倾向的对象，信件特别有用（当然也更安全）。信件没法被人打断，寄出后也不能反悔。你还可以通过写信更好地聚焦你的诉求，组织语言，准确地表达出你心中所想。你和伴侣可以分别给你伴侣的父母写信，也可以以你们二人的名义一起写，以此向他们强调你们站在同一战线上。

避免被他们"各个击破"

前文提到化妆师帕特的丈夫杰夫受到父母意见的影响，从父母家回来后会把他们对她的批评告诉她。帕特已经开始行动了。她告诉杰夫，他们不能再让杰夫父母离间他们的关系了。她把许多和我练习时使用的技巧用在了和杰夫的沟通中。

杰夫明白帕特已经打定主意，不想再忍受他父母通过中间人传话来挑刺；他也明白他只有两个选择：要么支持妻子，要么让妻子独自应对公婆。帕特鼓起勇气说的这番话像一盆冷水浇在杰夫头上，终于让他意识到父母对他的生活仍然有很大的影响，以及他是如何任由他们逐渐损害自己本该美满的婚姻的。

于是，杰夫主动打电话给父母，邀请他们晚上去他家。当父母问他有什么事时，杰夫首先开了口：

> 爸妈，我要和你们说件事，希望你们不要打断我。这件事我们都觉得难以启齿，但它早该解决了。我知道你俩都在努力当面对帕特表现得友好，我很感谢你们这一点，但我希望你们知道，我不愿意再听到你们在她背后说她坏话了。你们好像忘了你们是在对我爱的女人指指点点。而且，周末听完你们的抱怨，我回到家以后会忍不住对她表现出来。所以我们现在决定这样做：尽量保证家庭聚会有她在场；如果她因为某些原因不能或不愿意来，你们又开始攻击她的话，我就走。我想和你们好好相处，但你们的行为却让这种关系难以实现。

杰夫告诉我，他说完这番话后，家里一片沉寂。他父母似乎无法相信，自己听话的"乖儿子"说对他们失望了。于是他们一如既往地认为这一切肯定是帕特指使的，儿子说的话更加印证了他们对帕特的批评。帕特说：

> 之后，他们在我面前那种虚假的友善消失了。他俩开始轮番上阵，就看谁最能打击我。但很可笑的是，他们还是选择对杰夫说我的不是。我的婆婆玛丽对杰夫说："她这是利用你来对付我们。"而我的公公吉尔说："她从来都没有喜欢过我们，一直对我们不满。"这个时候，我认为我必须自己出面解决，否则他们会当我不存在，一直这样下去。于是我说："你们知道我就在旁边。如果我真做了什么让你们烦心的事，希望你们可以直接告诉我，而不是和杰夫说，这让他左右为难。如果我哪里让你们不开心了，请告诉我，我不是小孩子了，承受得住。但你们不能再让杰夫做你们的传声筒了。我知道我们之间不太愉快，但我只能对此承担一半的责任，你们愿意承担另一半吗？不如今晚就先告一段落，你们回家仔细考虑一下这个问题。"

别期待奇迹

接下来，所谓的奇迹没有发生。帕特的公婆在那夜过后并没有突然变成了模范公婆，但这不重要。重要的是杰夫能说到做到：如果父母开始攻击帕特，他就离开。杰夫这样做能让父母知道自己能接受和不能接受什么，慢慢地，杰夫的父母会开始意识到，自己随心所欲地攻击儿媳会导致不好的后果，于是渐渐学会调整自己的行为——而当他们故技重施时，杰夫和帕特会提醒他们。

如果杰夫的父母无法做出重大的转变，很明显帕特和杰夫可以。得到杰夫的有力支持后，帕特能更好地为自己发声。这对夫妻的自尊心得到了很大的提升。他们能以非防御性的沟通方式更清楚地表达自己的意愿，而且最重要的是，他们更明确了自己应该更看重谁。他们在杰夫父母面前对彼此表达的爱意让他们的婚姻坚固了百倍。

走出两难境地

第五章提到的梅尔和詹娜遇到的情况较为特殊。梅尔的岳父母对梅尔要比对自己的女儿詹娜好得多，而后者一直在遭受他们的打击。夫妻俩认为写信是他们最好的选择。在和我一起练习了几次沟通技巧以后，梅尔告诉詹娜，他不想再夹在她和她父母中间，让他们通过他来攻击她了。这让两人的生活苦不堪言。

一般来说，当你明确了自己的底线在哪里，而你的婚姻总体还算稳定，那么设定界线的行为通常可以让你的伴侣醒悟，明白问题到底有多严重。让梅尔又惊又喜的是，詹娜在花了些时间思考他的话以后终于同意参加早该参加的咨询，以帮助自己摆脱童年阴影。

> 我告诉她，我知道她在刚开始面对自己的童年阴影时肯定很痛苦、很脆弱。我说，如果她不愿意和他们打电话说这事，我可以接受，但如果她还是抱有父母总有一天会变好的幻想，这件事我就不会再管了。我们开始屏蔽他们的电话，但这无法解决根本问题，是逃避而不是面对。于是我建议我们一起写一封信。她更能接受这个。但我们需要你给我们出出主意。

下面是梅尔和詹娜的信的节选：

爸、妈（詹娜说，开头加"亲爱的"在她当下看来很虚伪）：

我们夫妻俩一起写这封信的目的是要告诉你们，我们四个人之间的问题必须得到解决。我俩不会再忍受你们怒气冲冲地打电话过来骂人，而如果你们打电话的态度还是很恶劣，我们不管谁接电话都会挂断。现在，我们各自需要你们答应以下要求——首先是梅尔的。

岳父、岳母：

我们之间需要设定一些不能讨价还价的界线。我不想在电话里或是当面听见你们贬低你们的女儿、我的妻子。我不想再听到你们把自己婚姻的不幸怪在她头上。在我看来，你们根本不配拥有像詹娜这么好的女儿，但我发现她对你们还是有很深的感情在，而且和你们有许多亟待解决的问题。我想通知你们，我不希望再夹在你们中间，不会再帮你们传话。我认为你们是很失败的父母，而且如果你们现在待她哪怕好一丁点儿，我也不会旧事重提。我不想再为了詹娜伪装自己，可我愿意为了詹娜礼貌待你们。你们至少该给她一个真诚的、完整的道歉，之后再补偿她。如果连这些都做不到的话，事情是不会有转机的。像为她付咨询费就是一个很好的开始。我觉得你们未必能做到上面的事，但至少我终于把积压在心里很久的想法说出来了。你们如果还想和我俩以及你们未来的孙儿有交集，就需要做出让步。

祝好，

梅尔

（接着是詹娜的部分）

爸、妈：

我一直希望我们能有时间真诚地谈一谈我小时候的事以及你们

现在对待我的方式，而我不用一直担心会不会惹你们不高兴。梅尔给予了我一直想从你们那里获得的支持与认可，我也非常庆幸有一个人能连我的担忧和恐惧都一起接纳和关爱。我希望我们四个人能坐下来好好谈谈，或者你们愿意的话，和我一起见见我的心理咨询师。是的，我在接受心理咨询——我知道你们并不认可，但这是我做过的最明智的决定，当然，嫁给梅尔也是。如果你们愿意承认过去对我犯下的错误，那么我们也许还可以重新建立一段关系。如果你们不愿意，那么我们只能继续维持这样流于表面的微弱联系，或者干脆不联系。现在该你们做决定了。虽然你们伤害过我，但我还是很爱你们，只是我需要看到你们也爱我的证据，但至今我没有获得多少。我真的希望情况会变好。

詹娜

梅尔变成了一个真正的战士，保护了妻子，也敢于对岳父母说出很早以前就该说的话了。但最让我惊喜的是詹娜，她似乎将梅尔的一些决心和力量转化为了自己的动力。

没有回应就是最响亮的回应

几周后，梅尔告诉我："我们没有得到他们的任何回应。没有回信，没有回电，什么都没有。"

"但其实你得到了回应，"我说，"他们的回应就是他们现在还没有做好准备应对这一切，而且他们不愿意接受你们的基本原则，哪怕是温和而合理的。也许再过一段时间他们会想通，也许他们永远也想不通。要是他们再也不和你们联系，詹娜能接受吗？"

"是这样的，"梅尔答道，"我想下次把她带过来，让你亲眼看一看她的变化——现在她就好像卸下了千斤重担，获得了新生。你介绍给她的治疗师对她很有帮助，她现在不那么抑郁了，找回了我第一次见到她时感受到的那种力量。我相信即便她父母认为维持他们自以为是的现状比和女儿的感情还重要，她也不会太难过。固执己见是他们的选择，也是他们的损失。是他们需要我们，我们可没那么需要他们！"

詹娜父母的选择令人伤心，但没人能预言会发生什么变化，也许假以时日，梅尔夫妻和岳父母的关系会变。后者的态度可能会有所缓和，也有可能变本加厉。结果无从得知。但梅尔和詹娜不用再忍受他们的电话骚扰了，而且詹娜已经开始给自己疗伤，一天天地坚强起来。他们现在获得了真正的自由。

发现更深层次的问题

你伴侣的父母当下的反应不一定能表明事态最终会变成什么样，且看史蒂夫的情况。

史蒂夫告诉我，上周他和安德烈娅像往常一样又接到了岳父斯坦的紧急求助电话。斯坦希望他们能去他家"讨论一件小事"。史蒂夫知道这意味着什么，于是告诉安德烈娅他需要她父母来他们家，而不是像以前一样等他们过去。安德烈娅十分焦虑，因为她知道史蒂夫心意已决，没有回头路。史蒂夫提醒安德烈娅，说她答应过不会妨碍自己，而她再次向他保证了这点。

果然，所谓的"小事"指的是他们收到了房屋止赎通知，因为他们欠缴了几次房贷。我那时心脏狂跳，胃在翻滚，于是深吸一口气，想起在害怕的时候反而要迈出第一步。可你没告诉我有这么难！我还是硬着头皮上了，说："这次我不会再帮你了。斯坦，你本来有足够的时间找债务咨询师，而且我也愿意帮你找专业人士，你现在真该让专业人士帮你处理，然后计划怎样整合债务和资产，怎样和你的债权人做些安排。但不管你决定怎么做，史蒂夫银行今晚就要关门大吉了。"

"我的天哪，史蒂夫，"我惊叹道，"这对你来说是一次巨大的飞跃。我好想知道接下来发生了什么。"

史蒂夫说：

> 斯坦的脸色煞白，过了一会儿又憋红了。露易丝就和平时一样，坐在那儿直摇头。接着，安德烈娅做了一件对我而言很重要的事——她在沙发上坐得离我更近了一些。这个动作胜过千言万语。接着，斯坦又开始长篇大论地批判我，说我自私、傲慢、自命不凡——所有他能想到的形容词，好像我才是他的敌人。他说我不关心他们夫妻俩有没有房子住，能不能吃上饭。他颠倒黑白，把错全推到我身上。斯坦问安德烈娅她怎么会和我是一伙的，我猜就是在这个时候她终于认清了父母幼稚、无理取闹的一面。她说："爸，你这样太幼稚了。难道你忘了之前每次都是我们接济你的吗？这对我们是个不小的负担。你非但没有一点儿感激，现在反倒指责我们对你做了什么？对不起让你失望了，我完全支持史蒂夫，同意他说的一切。你们是时候自己解决自己的问题了！"老天，她能说出这番话，我觉得很欣慰。

安德烈娅只需在场默默支持史蒂夫便足以巩固夫妻俩的感情，但她在父亲开始自居受害者、攻击史蒂夫时学会了发声。

史蒂夫和安德烈娅在斯坦夫妻俩的愤怒、哀求和道德绑架攻势之下坚守住了自己的立场。我看到他们在和斯坦以及彼此相处时一直保持着这种好势头,而且由于他们的主要问题已经解决,他们的咨询逐步进入了尾声。拒绝斯坦后大约三周,史蒂夫向我讲述了有趣的后续发展:

> 发现我是认真的以后,斯坦便郁郁寡欢,整天穿着睡衣,盯着电视,不跟任何人说话。这种走向反而是最好的,因为露易丝终于愿意带他去看医生了。普通医生把他转到了精神科,但斯坦不愿意去,露易丝就说:"你必须去,我不想再跟你唠叨这个了。"精神科医生出具的诊断是躁郁症。露易丝告诉我们,医生说斯坦大部分投机和高风险投资行为都是躁郁症典型的夸大行为,为的是宣泄狂躁阶段的压力。医生给他开了锂剂,大幅缓解了他情绪不稳定的问题。斯坦也同意去见债务咨询师,而且他现在人也冷静多了。我和妻子甚至可以和他正常来往。

即便知道自己做出的改变会让斯坦夫妇感到害怕和难过,史蒂夫和妻子还是鼓起勇气坚持了自己的立场,采取了一系列了不起的措施,最终为两对夫妻带去了巨大的变化:史蒂夫的自尊心大幅提升,安德烈娅选择了应该选择的立场,而她的父母则重新找回了生活该有的样子。

缺爱的姻亲

每个人都要面对的最艰难的道德和情感困境,就是在帮助有困难,特别是身体或心理上有问题的伴侣父母和维护自主性、保证自身健康与婚姻稳定之间做出抉择。你在第四章中看到了阿尔的困境：他的岳母莫莉在丈夫去世后认为只有女儿茱莉亚才能照顾好自己。结果阿尔因为被妻子忽视而满腹牢骚，而茱莉亚则对无尽的责任和母亲的索求不堪重负。

在阿尔和茱莉亚的案例中，莫莉本有足够的经济能力和身体素质去重新开启一段属于自己的生活，但在丈夫去世后无法走出心理困境。我提醒茱莉亚，一味奉献的行为会对她本人的经济状况、身体和心理造成很大的损耗，会点燃怒火、激化矛盾，使她本人、婚姻甚至她尝试帮助的对象都受到伤害。

"所以我该怎么做呢？"茱莉亚问，"我不能丢下她，而且我经不起良心的谴责——每次我告诉她我要给她找一个看护时，她就会说：'我可能也要死了——没人关心我。'"

"胡说八道！"阿尔突然插话，"她让你干什么，你都二话不说，积极配合。可笑的是，莫莉才62岁——她有钱，身体也不错，还能开车。茱莉亚，说真的，因为这件事我仅剩的头发都快被我拔光了，我觉得她完全有能力自己照顾自己。她可以请一个不错的居家看护，或者去退休社区，认识她的同龄人，参加很多精心组织的活动。是这样的，这个家里谁遇到问题都会找茱莉亚。茱莉亚的姐妹对莫莉不管不顾，所以照顾莫莉的担子全落在了茱莉亚身上。但是茱莉亚有丈夫和孩子啊，我们真的太倒霉了。莫莉够幸运了，她其实有很多同种情况下的其他人没有的选择。如果你开不了口，相信我，我可以。"

另一种严厉的爱

阿尔的话让茱莉亚面露难色，但她最终还是同意跟他一起和莫莉谈谈。他们随后告诉莫莉她有几个选择，但让茱莉亚承担照顾她的职责不在其中。不出所料，莫莉得知后哭了。她威胁他们，试图操纵他们，拒绝考虑雇看护。事情看似毫无进展。茱莉亚对此感到很难过，但在那一周她没有每天都冲去莫莉家，相反会给莫莉打电话确定情况。如果莫莉需要什么，茱莉亚会提议让人送上门。大约两周后，莫莉说她看到一个不错的退休社区的广告，希望茱莉亚和阿尔开车带她过去看看。

之后，莫莉把房子卖了。阿尔和茱莉亚帮她住进了新社区。莫莉现在是这个社区的委员会成员，结交了新朋友。最近的消息是，她正计划和邻居们去墨西哥旅游。

我们听惯了如何不溺爱青春期叛逆子女的论调，但阿尔和茱莉亚其实在用同样的方法应对莫莉。他们让莫莉知道这是个她只能靠自己的时刻，而莫莉完全有能力为自己开启生活的新篇章。

如果阿尔没有坚持要改变现状，如果茱莉亚继续让母亲事事依赖自己，那么以上所有积极变化都不可能发生。当你第一次面对索取无度的人设定界线时，你可能会感到很不自在、很内疚，好像在做一件残酷无情的事。可面对有能力照顾自己却总是过度依赖子女的父母，向他们的幼稚说"不"才能体现真正的善良与关怀。

先寻求帮助

如果你伴侣父母的情况不如莫莉，那么在你认定只有自己可以照顾他们之前，请先寻求政府机构或家庭成员的帮助。在负起照顾责任的同时，也要坦白说明有什么是你做不到或者不能做的。有时你只能把他们接到自己家住，但很显然是在其他选择都行不通的情况下。

当他们使出撒手锏

可以确定的一件事是，在你独自或和伴侣一起向伴侣父母指出问题以及你希望怎么改时，他们几乎总是表现得措手不及。不论你之前习惯怎么应对他们——假笑、愤怒地反驳、生闷气还是服从——他们都习惯了这些可预测的行为。你突然间开门见山和非防御性的态度可能会给他们带来很大压力，所以他们很有可能会使尽浑身解数，希望你恢复他们之前熟悉的样子。你有可能完全得不到你想要的任何积极回应：道歉、认可、承担责任，什么也没有。实际上事情可能完全相反：他们会生气、哭泣、否认、转而责怪你或轮番上演以上情绪和行为。

和你伴侣的父母谈话时，你可能会受到他们的攻击。以下是他们感到被逼入困境时可能会使用的伎俩，以及有效应对他们的方法。

老调重弹：否认

你伴侣的父母会说一切从没发生过，你就是在捏造事实。即便有极小的可能他们承认了你说的一部分事实，他们也可能用更为隐晦的方式去否定，比如说："是的，这的确发生过，但你说得太夸张了。"他们要么说你言过其实，要么说你太敏感或小题大做，极力以此来降低事情的严重性。

有效回应：我发现你对问题的理解和我不一样。我们是不同的人，对事物的感受也不一样，但事情不会因为你说没发生过就真没发生过。事情的确发生过，而且让我很痛苦。如果你为了逃避问题而坚持说我在夸大事实，那么我们没法解决任何问题。

自居受害者 / 牺牲品

此时,你伴侣的父母会说这样的话:"你怎么能这样对我 / 我们?你为什么要这样伤害我 / 我们?你为什么要破坏这个家?我们为你做了这么多,你怎么能说出这样的话?"他们也可能不会多说什么,只是深深地叹气,泪如雨下。不管他们做何反应,你都不能接受他们的指责成为"坏人",屈服于自责,而是必须做出回应。

有效回应:我很抱歉这让你这么难过,但我自己也苦恼了很久。我无意伤害你,但为了保护自己,我必须采取行动。我很感谢你 / 你们为我们做的一切,我们来看看能不能克服各自的负面情绪,一起想办法改善我们的关系。

把问题推给你

很快,他们会把问题归咎于你。你可能会听到这样的话:"你总惹麻烦""你从来都不喜欢我们""你太难相处了""你真是太神经质了""你出现以前,我们一家人本来相处得挺好的"。

提示:这个伎俩不好应付,因为你的确需要为自己某些激化了你们之间矛盾的行为承担责任,但同时又要小心不落入对方的陷阱,把问题全揽在自己身上。你伴侣的父母对你的某些控诉可能是合情合理的,那么你要承认并答应做出改变。另一方面,在确定事实前,不要太快接受他们对你的负面评价,小心被当作替罪羊。有时你在这场闹剧中的问题可能不在于真有重大的行为错误,而在于你甘愿忍受他们的所作所为,从一开始就因为害怕而不敢去解决问题。

有效回应:我猜到你是这样看待这个问题的,但我只会为我们合不来这个问题承担一半责任。或许你可以举例说明我的什么言行冒犯到了你,我会改的。那么你也愿意承担责任,做出改变吗?

以攻为守

伴侣的父母可能会打断你、反驳你，不给你机会说出你的心声。他们可能会对你火力全开，就是为了不被你推入窘境。

有效回应：我真心希望你能好好听我把话说完。我说完以后，你有足够的时间做出回应。否则，我们最好还是另找一个你能更冷静的时间。

我不可能列举出你伴侣父母所有可能的回应，但一旦你养成语气坚定、非防御性沟通的习惯，那么你便能在任何场合使用练习时学到的技巧。你可以按实际情况组织语言，但中心是不变的。

有时没有解决任何问题

本书大部分案例中的伴侣父母都多少都有了些变化，从微小的、不情不愿的改善到彻头彻尾的转变。虽然我坚持认为应该尽你所能去解决和伴侣父母的关系这一令你痛苦的问题，但是请记住，无论你的技巧有多高明，口齿有多伶俐，你就是无法触动某些人。有些人就是不可能改变的，他们不具备跟人沟通和做出让步的能力。一旦你试图解决你们的分歧，他们就认为你想攻击他们，随后立刻反击。他们可能会大喊大叫，或是不断指责和侮辱你。他们垒起高墙，进入防御模式，躲在后面不听你说话，当然也不愿花一星半点时间反思自己的行为。他们会起身离开，摔门而去。

这是他们的问题，不是你的过错。如果你尝试了所有新技巧和策略，还是遇到了上述问题，那么你和伴侣是时候要做出重要的抉择了。权衡好，该和这种人维持何等程度的交往才能保证你们的婚姻质量不受损害。

坚持你的真相

你永远无法确定和伴侣的父母正面交锋后的最终结果会是什么。本章中几对夫妻的案例表明，有时候，看起来无可救药的局面随着时间过去竟然能有所好转，某些伤口最后竟然能意外地愈合。当然，也要看你伴侣的父母是什么样的人。有时结果可能完全相反，你和伴侣父母的关系比以前更疏远了。但你不能只看结果。你要看重的是对你有益的方面，以及你心目中的真相。不是所有人都能坦然面对真相，但总该有人把真相说出来，而且只要你是尊重对方的，你便不需要在意他人对你说出的真相的反应。

后记

对和我一起踏上这艰难的改变之旅的人,我想告诉你,一路走来,即便你伴侣的父母能温暖地接纳你的希望可能还很渺茫,你还是有了巨大的收获。

你的生活变得更美好

我知道你很可能并没有从伴侣父母那里得到想要的道歉、对问题的承认或行为上的转变,但对你来说,生活的很多方面还是得到了改善。你终于有勇气直面婆媳／翁婿关系问题,也不会像以前一样被这些问题激怒,或在亲情与爱情之间左右为难了。

你的婚姻变得更稳固

除了极少数方面以外,你和你的伴侣现在已经处于同一阵营了。你已经把原本岌岌可危的婚姻重新修复好了。重新发现你们之间的爱,让你的伴侣再次忠于你,对你而言是一种无比珍贵的礼物,也是你靠自己赢得的。

你找回了自尊心

当你不再沉默不语或大发雷霆,而是学会表达你的辛酸、维护你的权利，你就真正长大成人了。这一成人礼和你以往经历的所有成人礼（包括你的婚姻）一样重要。

你掌握了发声的方法

没有人能夺走你已经学会的技巧和策略，你也不太可能回到从前那种对问题不知所措的状态中了。你学会了镇定自若地向他人提要求的方法，而你学会的沟通技巧可以被运用到生活的方方面面。

现实可能不会像童话那样有一个美好结局，你伴侣的父母可能不会奇迹般地变得善良、慈爱。但即便如此，你还是拥有了以上收获。你再次和你爱的人心意相通，而且最重要的是，你找回了自己。你做得很好。

图书在版编目（CIP）数据

原生家庭：婚恋版：如何应对爱人父母的挑剔、侵扰或排斥 /（美）苏珊·福沃德,(美)唐娜·弗雷泽 编著；邝慧玲译. -- 北京：北京联合出版公司, 2022.7
　ISBN 978-7-5596-6144-9

Ⅰ.①原… Ⅱ.①苏… ②唐… ③邝… Ⅲ.①婚姻—通俗读物 Ⅳ.①C913.13-49

中国版本图书馆CIP数据核字(2022)第072916号

TOXIC IN-LAWS: Loving Strategies For Protecting Your Marriage
Copyright © 2001 by Susan Forward, Ph D.
Published by arrangement with HarperCollins Publishers.
本书简体中文版权归属于银杏树下（北京）图书有限责任公司。
北京市版权局著作权合同登记　图字：01-2022-1873

原生家庭：婚恋版：如何应对爱人父母的挑剔、侵扰或排斥

编　　著：[美]苏珊·福沃德　[美]唐娜·弗雷泽
译　　者：邝慧玲
出 品 人：赵红仕
选题策划：后浪出版公司
出版统筹：吴兴元
特约编辑：刘昱含
责任编辑：高霁月
营销推广：ONEBOOK
装帧制造：墨白空间·陈威伸

北京联合出版公司出版
（北京市西城区德外大街83号楼9层 100088）
文畅阁印刷有限公司印刷　新华书店经销
字数206千字　690毫米×960毫米　1/16　16印张
2022年7月第1版　2022年7月第1次印刷
ISBN 978-7-5596-6144-9
定价：52.00元

后浪出版咨询（北京）有限责任公司　版权所有，侵权必究
投诉信箱：copyright@hinabook.com　fawu@hinabook.com
未经许可，不得以任何方式复制或者抄袭本书部分或全部内容
本书若有印、装质量问题，请与本公司联系调换，电话010-64072833